北京仲裁委员会
Beijing Arbitration Commission
北京国际仲裁中心
Beijing International Arbitration Center

第 128 辑（2024年第2辑） Vol.128（2024，No.2）

主　办：北京仲裁委员会／北京国际仲裁中心
协　办：中国国际私法学会

编委会

主　任：王利明
编　员：William Blair　陈　洁　黄　进
　　　　Michael Hwang　胡振杰　柳福华　李曙光
　　　　Michael J. Moser　Loukas Mistelis
　　　　师　虹　Thomas Stipanowich
　　　　王贵国　易继明　郑若骅

编辑部

主　编：姜丽丽
副主编：阮　娜
编　辑：鲁　洋　卢扬逊　徐　畅　张瑶佳

中国法治出版社
CHINA LEGAL PUBLISHING HOUSE

本书所刊载的文章只代表作者个人观点，不必然反映本书编辑部或其他机构、个人的观点，谨此声明！

目录

特载

001　2023年商事仲裁中文文献综述

/木新涛　林凯淇　尉明洋　贺万忠

026　2023年关于中国仲裁和争议解决的英文文献综述

/张　舒

057　中国供应链金融争议观察报告（2021—2024）

/吕　琦

专论

078　投资转让对投资者求偿权实现的影响及出路

/张　鑫

095　实际施工人跨越合同关系起诉与仲裁协议效力扩张问题研究

/张晓峰　张少波

办案札记

115　仲裁秘书之于仲裁调解的能动作用

/严晓敏

Contents

Special Report

001 Summary of Chinese Literature on the Study of Commercial Arbitration in 2023

/Mu Xintao Lin Kaiqi Wei Mingyang He Wanzhong

026 Commentary on Publications Focusing on China-Related Arbitration and Dispute Resolution in English in 2023

/Zhang Shu

057 Annual Report on Supply Chain Finance Dispute（2021-2024）

/Lyu Qi

Monograph

078 Impacts of Investment Assignment on Treaty Claim and Solutions

/Zhang Xin

095 Research on Actual Constructor's Suit for Breaking through the Relativity of Contract and the Expansion of the Validity of Arbitration Agreement

/Zhang Xiaofeng Zhang Shaobo

Case Manager's Note

115 The Active Role of the Case Manager in Conciliation

/Yan Xiaomin

2023年商事仲裁中文文献综述

木新涛[*] 林凯淇[**] 尉明洋[***] 贺万忠[****]

- **摘 要**

　　本综述通过对2023年收录于主要中文数据库、国家图书馆以及期刊中的商事仲裁中文类研究文献的检索与整理，较系统全面地展现了2023年商事仲裁中文类文献的研究状况。相较于2022年研究文献，2023年研究文献呈现出数量回升、研究范围基本相同、理论研究面向实践发展的总体特征。其中著作数量基本持平，论文数量上升显著，但发表于法学核心期刊的论文数量下降；研究主题相对集中，更多关注具体的而非一般性问题，国际投资仲裁、快速仲裁、在线仲裁、仲裁法修订、重新仲裁、集团仲裁、友好仲裁与案外人权益救济等事项仍为本年度关注的重点；研究文献在深化既有研究成果的基础上，密切融合仲裁实践，守正创新，为我国仲裁事业的发展奉献智慧。

---

[*] 木新涛，外交学院国际法学硕士研究生。
[**] 林凯淇，外交学院国际法学硕士研究生。
[***] 尉明洋，外交学院国际法学硕士研究生。
[****] 贺万忠，外交学院国际法系教授。

● 关键词

商事仲裁　研究现状　中文类文献　年度综述

Abstract: This review systematically and comprehensively presents the research status of Chinese commercial arbitration in 2023 by searching and sorting out Chinese research literature on commercial arbitration included in major Chinese databases, national libraries and journals in 2023. Compared with the research literature in 2022, the research literature in 2023 shows the general characteristics such as the rebound in the number of publications, the relatively stability in scope of research topics and the orientation of theoretical research towards the development of practice. Among them, the number of books remains basically the same, the number of papers rises significantly, but the number and proportion of papers published in core legal journals decrease. The research subjects remains relatively concentrated, and more attention is paid to specific rather than general issues. International investment arbitration, expedited arbitration, online arbitration, revision of arbitration law, re-arbitration, group arbitration, amicable arbitration and third-party rights relief are still the focus of this year's research. While deepening the existing research results, the research literature closely integrated with the arbitration practice, uphold fundamental principles and break new ground, contribute wisdom to the development of China's arbitration.

Key Words: commercial arbitration, research status, Chinese-language literature, annual review

一、2023 年商事仲裁中文类研究文献来源

据不完全统计，2023 年商事仲裁期刊论文共 246 篇，著作共 13 部。上述研究文献主要源自中国知网（CNKI）、北大法宝等主要中文数据库、纸质期

刊以及国家图书馆。笔者以"仲裁""商事仲裁"为主题词进行检索,并挑选其中以商事仲裁为研究对象的中文研究文献进行综述研究。

二、著作类研究文献

2023年著作类研究文献共13部,其中年度综合报告4部,一般性研究著作1部,专题研究类著作4部,具体事项研究类著作4部。

(一)年度综合报告

本年度综合报告包括《中国商事争议解决年度观察(2023)》[①]、《中国仲裁年度报告(2020—2023)》[②]、《中国国际投资仲裁常设论坛年度报告(2021—2022)》[③]及《中国国际商事仲裁年度报告(2022—2023)》[④]。其中,《中国商事争议解决年度观察(2023)》聚焦商事仲裁、商事调解、建设工程、房地产、能源、投资、国际贸易、知识产权、影视娱乐、民用航空等领域,甄选《中国商事仲裁年度观察(2023)》《中国商事调解年度观察(2023)》《中国建设工程争议解决年度观察(2023)》《中国房地产争议解决年度观察(2023)》等相关文献对相关领域2022年以来的争议解决情况加以回顾,对所涉及的法律法规进行解读,对热点问题和典型案例加以梳理分析,总结2022年以来的商事争议解决之现状,并对未来的发展趋势提出展望与建议。《中国国际商事仲裁年度报告(2022—2023)》则在全面分析2022年中国国际商事仲裁案件数据和2022年至2023年6月中国仲裁法治实践发展的基础上,同步跟踪国内外商事仲裁理论研究动态,持续探讨中国国际商事仲裁司法审查所涉法律问题,研析凝练晚近国际商事仲裁规则发展趋势。

(二)一般研究类著作

本年度一般性事项研究类著作偏少。《国际仲裁中心发展与中国路径研

---

① 北京仲裁委员会/北京国际仲裁中心编:《中国商事争议解决年度观察(2023)》,中国法制出版社2023年版。
② 沈四宝主编:《中国仲裁年度报告(2020—2023)》,对外经济贸易大学出版社2023年版。
③ 陈辉萍主编:《中国国际投资仲裁常设论坛年度报告(2021—2022)》,中国法制出版社2023年版。
④ 中国国际经济贸易仲裁委员会主编:《中国国际商事仲裁年度报告(2022—2023)》,法律出版社2023年版。

究》①围绕国际仲裁的中心化现象，基于对域外知名国际仲裁中心的发展脉络与基本模式的梳理，探讨中国区域性国际仲裁中心发展的基本原则、支撑要素与政策建议，以及中国发展本土国际仲裁中心的路径与方法，提出国际仲裁中心发展的支撑要素与权重，以及相应的科学评估体系。

（三）专题研究类著作

本年度专题研究类著作集中于WTO上诉仲裁[②]、国际体育赛事仲裁[③]、自由贸易协定争端解决[④]等少数事项。其中《WTO上诉仲裁第一案："土耳其药品案"研究》指出，"土耳其药品案"表明了WTO成员对于上诉机制的需求，而上诉仲裁裁决发布，则证明在上诉机构缺位期间，WTO成员可以找到高效率、高质量的替代方案。该案裁决增加了人们对于WTO的信心。在实体和程序方面，上诉仲裁与上诉机构审议没有本质区别，只是仲裁员来源有所创新，而裁决在形式上也显得简明扼要。此案可能还会产生示范或溢出效应，引发更多的上诉仲裁案件。

《冬奥赛事争议仲裁研究》以历史回归分析法，在对所收集的案件进行类型分析的基础上，全面梳理和分析国际体育仲裁院迄今作出的有关奥运会，特别是冬奥会赛事争议的仲裁裁决，提炼其裁判要旨和立场，定位所涉问题的具体方位，阐述其历史流变和当前准则，呈现该领域已经和正在涌现的关键争点，以及CAS据以裁判的仲裁准则。树立体育赛事法治意识，推动我国赛事法律治理的现代化、国际化和法治化，助力未来奥运会赛事案件风险的法律防范与应对工作的走深落实，并据CAS之仲裁准则预拟应对术略。

《中国企业RCEP国家经贸风险防范和争端解决指引》则从数据、制度、机构、案例四个方面，对RCEP成员国贸易概况、RCEP主要成员国贸易争议解决制度、RCEP区域内代表性国际仲裁中心、RCEP贸易企业风险防范分析进行全面细致的梳理，为中国企业有效防范国际经贸风险、高效解决经贸争端提供指引。

---

① 毛晓飞、王金涛、刘红等：《国际仲裁中心发展与中国路径研究》，中国社会科学出版社2023年版。
② 杨国华：《WTO上诉仲裁第一案："土耳其药品案"研究》，人民出版社2023年版。
③ 黄晖：《冬奥赛事争议仲裁研究》，厦门大学出版社2023年版。
④ 上海国际经济贸易仲裁委员会（上海国际仲裁中心）编：《中国企业RCEP国家经贸风险防范和争端解决指引》，上海人民出版社2023年版。

（四）具体事项研究类著作

本年度著作类研究文献更多关注具体的而非一般性问题，涉及可仲裁性问题[1]、仲裁的保密性[2]、正当程序问题[3]、临时仲裁[4]等事项。

其中《国际商事仲裁正当程序问题研究》以国际商事仲裁正当程序法律规范体系实施机制为研究对象，通过对国际商事仲裁正当程序适用条款具体实施问题的梳理，聚焦完善我国国际商事仲裁正当程序规则适用的相关理论及制度建设，并提出刑事规范对国际商事仲裁正当程序规制的意义，在动态中推进规则和机制发展创新。

《自贸区纠纷解决机制创新与临时仲裁的制度构建》则梳理了临时仲裁与机构仲裁之界分及比较优势，基于我国自贸区纠纷解决机制的创新与实践，阐述临时仲裁本土化构建的现实必要性与可行性；结合《横琴自由贸易试验区临时仲裁规则》《最高人民法院关于支持和保障横琴粤澳深度合作区建设的意见》对自贸区临时仲裁制度构建的探索历程，以及其中存在的技术性瑕疵与适用难题，分析中国开展临时仲裁机制创新的制度障碍；立足《仲裁法》修改大背景，探讨临时仲裁司法协助制度的本土建构、临时仲裁机构化的破解、临时仲裁与机构仲裁的接轨与融合、临时仲裁的司法救济与司法监督等问题。进而从宏观、微观层面搭建我国临时仲裁立法的体系与规则，完善临时仲裁的相关配套制度。

《可仲裁性问题的比较研究》以可仲裁性问题为研究对象，从可仲裁性问题的基础理论、法律适用出发，重点研究可仲裁性问题的判断标准及具体应用。以比较法为主要研究视角，兼具本土语境。而我国现行立法就可仲裁性问题的相关规定存在一定问题，建议在《仲裁法》修改之际进行相应修改。

《商事仲裁保密性问题研究》则从商事仲裁保密性的历史演进、基本问题、范围、主体及商事仲裁保密信息的披露制度方面进行研究。商事仲裁保密性问题的讨论缘起于英国，并出现了是否区分"保密性"与"私密性"的论战。私

---

[1] 陈琦:《可仲裁性问题的比较研究》，中国社会科学出版社2023年版。
[2] 马占军、吴阳艺:《商事仲裁保密性问题研究》，法律出版社2023年版。
[3] 梁艳艳:《国际商事仲裁正当程序问题研究》，武汉大学出版社2023年版。
[4] 陈磊:《自贸区纠纷解决机制创新与临时仲裁的制度构建》，法律出版社2023年版。

密性旨在防止第三人干预仲裁程序，而商事仲裁保密性除上述要求外，还限制当事人、仲裁员以及其他仲裁参与人向公众披露商事仲裁程序中所产生的仲裁通知、答辩意见、庭审笔录、专家意见以及仲裁庭作出的决定及裁决等。

三、商事仲裁论文类研究文献基本内容

经检索，笔者共收集到相关主题论文246篇，包括来源于北大核心、CSSCI及扩展收录期刊论文32篇，非核心期刊论文214篇，其中《商事仲裁与调解》《北京仲裁》等专业性仲裁研究期刊上的文献117篇。

利用CiteSpace分析软件对上述论文的关键词进行分析，得到仲裁研究的关键词共现图谱，其中关键词的中心性和被引次数越高，表明其所对应的研究方向越重要。通过图谱可以发现，国际投资仲裁、国际商事仲裁等皆为2023年仲裁研究所关注的热点。

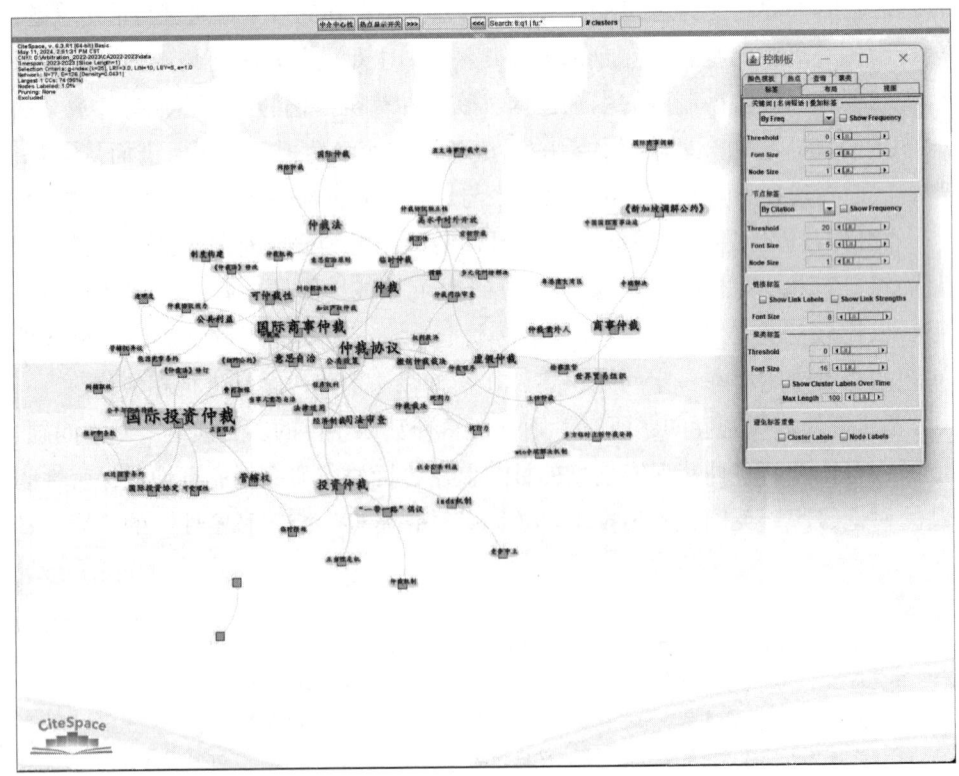

结合关键词族群分析（详见下图）可以观察到上述论文研究所集中的核心议题领域以及彼此之间存在的相互关系。

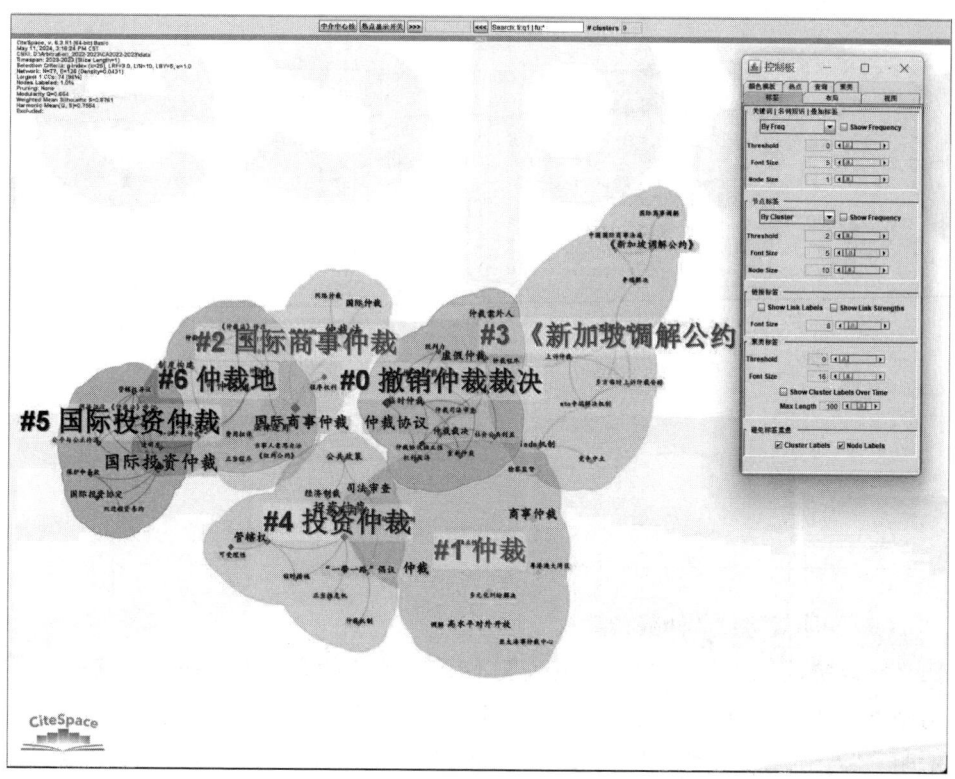

结合 2022 年商事仲裁论文类研究成果数据，可以得出 2022—2023 年商事仲裁论文类研究成果在议题上的演进关系（详见下图，自左向右为 2022 年至 2023 年）。

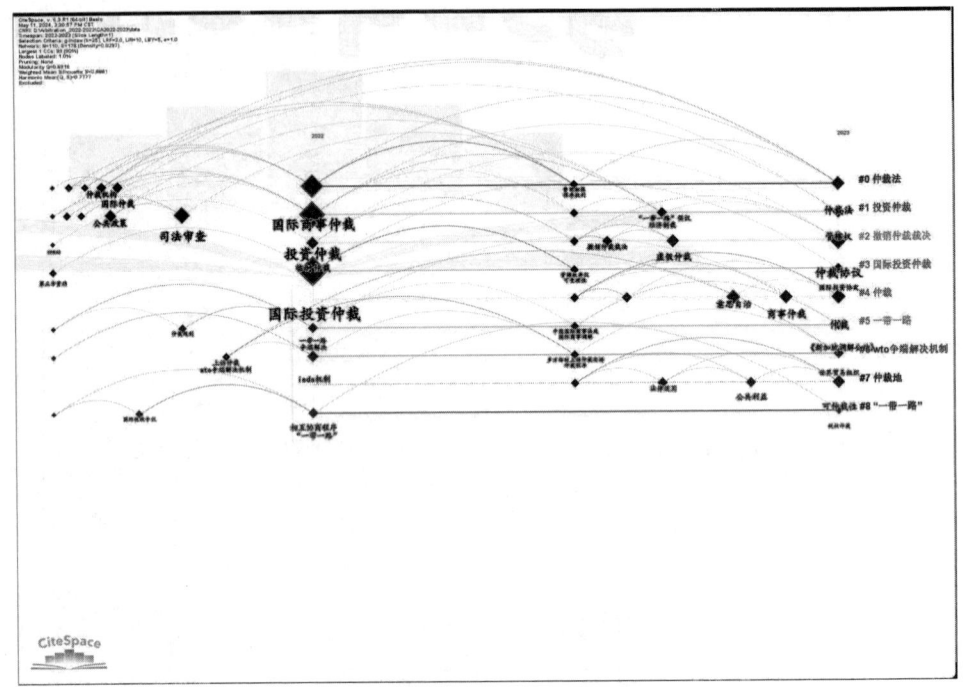

（一）仲裁协议/仲裁条款

仲裁协议如无尽谜题，吸引人们不断探索。有论者关注仲裁协议法律适用制度，指出我国现行制度存在独立性原则理解的绝对化、法院地法的地位不明、"有利于有效原则"落实不足等问题，提出应辩证地看待独立性原则，明确法院地法的地位，同时将"有利于有效原则"转化为具体法律规则。[①]

而对于仲裁协议的效力范围，有论者则指出，传统理论所主张的仲裁协议只对明示同意的签署人有效的主观范围理论已不合时宜。仲裁协议具有法律行为与诉讼行为的双重性质。法定"书面方式"概念极具延展性，不会对仲裁协议主观范围扩张造成实质障碍。意思表示解释二元论及程序选择理论，为仲裁协议约束非签署人奠定了理论基础。在单一合同关系下，非签署人可因添加或变更而受合同所含仲裁协议的约束。在多个合同关系下，基础合同

---

① 陈迈、徐伟功：《论我国仲裁协议法律适用制度的完善》，载《商事仲裁与调解》2023年第2期，第38—47页。

的仲裁协议可对关联性合同的当事人有效。应基于有明示的从明示、无明示的准推断（推测、视为）之路径，重构仲裁协议主观范围理论，使之更加包容、开放以满足复杂仲裁的实践需求。①

针对仲裁协议效力的扩张现象，有论者提出，应当秉持审慎的态度，并由法律法规和相关司法解释对其作出明确规定，在债权全部或部分让与的场合，应当区分受让人是否知情；在债权人代位权诉讼中，应当区分不同情形，准确认定代位权诉讼与仲裁协议之间的关系；在未生效合同中，即便合同未生效，也应承认仲裁条件效力的独立性；在多层次争议解决条款的效力判断上，应当充分尊重当事人的意思，如果争议解决前置程序清晰、明确且具有可操作性，则未经前置程序不得仲裁。②

此外，有论者还对表见代理合同中的仲裁条款效力问题③、海运提单中仲裁援引条款效力④、约定境外仲裁机构在内地仲裁的仲裁协议的效力⑤、外资企业约定境外机构仲裁的仲裁协议效力⑥，以及消费者格式仲裁条款效力⑦等问题展开研究。

（二）可仲裁性问题

可仲裁性作为复杂的基础性问题，始终为人们密切关注和深入研究。

对于知识产权效力争议的可仲裁问题，有论者指出，仲裁在解决知识产

---

① 陈杭平：《仲裁协议主观范围理论的重构》，载《法学研究》2023年第2期，第189—206页；陈挚：《禁反言原则与仲裁协议效力扩张：以持续履行和参与谈判为视角》，载《商事仲裁与调解》2023年第4期，第21—37页；林文彪、廖清顺：《主合同中仲裁条款的扩张效力》，载《人民司法》2023年第8期，第51—53页；丁国民、吴光慧、张程：《担保合同仲裁管辖的制度完善》，载《财经理论与实践》2023年第1期，第155—160页。

② 王利明：《仲裁协议效力的若干问题》，载《法律适用》2023年第11期，第3—12页。

③ 陈静：《表见代理合同中的仲裁条款效力问题研究》，载《商事仲裁与调解》2023年第2期，第7—18页。

④ 董璐宇：《海运提单中仲裁援引条款效力的重建》，载《华南理工大学学报（社会科学版）》2023年第2期，第105—114页。

⑤ 高明豪：《约定境外仲裁机构在我国内地仲裁的协议效力研究》，载《商事仲裁与调解》2023年第3期，第115—132页。

⑥ 孔金萍：《论对外资企业约定境外机构仲裁的司法监督》，载《中国海商法研究》2023年第1期，第92—101页。

⑦ 王玉丹：《论消费合同格式仲裁条款的现实困境及规制路径——以完善经营者的说明义务为视角》，载《商事仲裁与调解》2023年第3期，第98—114页。

权纠纷中具有相对优势。但是知识产权效力争议仲裁在我国尚未得到明确认可，这制约了我国知识产权仲裁的理论展开与制度构建。知识产权的私权属性为知识产权效力争议仲裁提供了重要的理论依据和规范起点。知识产权获取的国家授予性，以及知识产权纠纷处理的公共政策考量，均不足以否定知识产权效力争议的可仲裁本质。其他法域知识产权仲裁的发展经验，为我国推行知识产权效力争议仲裁提供了有益的借鉴。为此，我国应当积极探索开展知识产权效力争议仲裁的理论路径与机制构建，从仲裁实践、司法、行政、立法等多个维度协同推进知识产权效力争议仲裁，适时推动建立符合我国国情、具有中国特色的知识产权仲裁制度体系。[1]

此外，有论者就行政协议纠纷的可仲裁性[2]、专利开放许可纠纷的可仲裁性[3]、专利权有效性争议可仲裁性[4]、生态环境损害赔偿纠纷的可仲裁性[5]、国际税收争议的可仲裁性[6]、反垄断纠纷的可仲裁性[7]、电子竞技纠纷的可仲裁性[8]、农村

---

[1] 孙子涵：《我国知识产权效力争议仲裁的理论基础与实现路径》，载《现代法学》2023年第1期，第194—208页。

[2] 李慧敏、唐伟然：《行政协议纠纷适用仲裁解决机制研究》，载《河北法学》2023年第1期，第57—72页；米思谕：《行政协议争议可仲裁性研究》，载《商事仲裁与调解》2023年第3期，第87—97页。

[3] 于伟艳、邵伟：《专利开放许可及其纠纷解决体系的构建》，载《商事仲裁与调解》2023年第1期，第81—92页。

[4] 周晨宇、张润：《专利权有效性争议可仲裁性的理论反思与制度建构研究》，载《商事仲裁与调解》2023年第1期，第67—80页；张惠彬、何易平：《大湾区知识产权仲裁实践及其对成渝地区的启示》，载《成都理工大学学报（社会科学版）》2023年第1期，第90—97页。

[5] 谢忠洲、郭海蓝：《生态环境损害赔偿纠纷解决引入仲裁制度的构想》，载《四川警察学院学报》2023年第4期，第1—8页。

[6] 陈奕良：《后BEPS时代谨慎引入国际税收仲裁机制的思考》，载《汕头大学学报（人文社会科学版）》2023年第1期，第59—67页、第95—96页；卢颖异：《国际税收争议解决机制的新发展及其应对》，载《法学》2023年第4期，第174—191页；赵洲、吕思彤：《"一带一路"税收争议仲裁机制的引入与建构研究》，载《国际商务研究》2023年第2期，第85—97页。

[7] 胡程航：《论反垄断纠纷的可仲裁性判断及实施机制》，载《国际经济法学刊》2023年第1期，第124—140页；宋翘楚、王明泽：《反垄断可仲裁性的正当论证与制度构建》，载《中国价格监管与反垄断》2023年第8期，第38—42页。

[8] 谌锦华、李卫国：《法学视域下电子竞技纠纷解决机制探析》，载《安顺学院学报》2023年第6期，第97—101页。

土地承包经营纠纷仲裁机制的建构[①]、合伙企业解散可仲裁性[②]、农村宅基地纠纷可仲裁性[③]、PPP项目合同纠纷的可仲裁性[④]等问题开展深入研究。

（三）投资仲裁

投资仲裁历年为研究者所重点关注。与上一年度类似，涉及投资仲裁的论文数量占比高，所涉议题广泛、形式多样。

1. 投资仲裁与案例分析

在所收集论文中，有论者重点评析了洛文集团等诉美利坚合众国仲裁案。该案是国际投资仲裁实践中的代表性案例。在该案件中，仲裁庭基于北美自由贸易协定对司法终局、拒绝司法及穷尽当地救济原则进行了开创性的阐述，对国籍持续规则亦进行了分析。裁决说理不仅被此后的投资仲裁案件广泛援引，对条约实践也产生了深远影响。[⑤]此外，有论者对埃尔帕索能源国际公司诉阿根廷共和国仲裁案[⑥]、Vestey集团诉委内瑞拉案[⑦]、Mamidoil Jetoil希腊石油产品协会诉阿尔巴尼亚共和国仲裁案[⑧]、Yaung Chi Oo诉缅甸案[⑨]、菲尼克斯

[①] 陈楚童、梁经浩：《农村土地承包经营纠纷仲裁机制研究——以云浮市新兴县实践为例》，载《山西农经》2023年第7期，第92—95页；袁颖：《浅谈农村土地承包纠纷仲裁工作的困境及对策——以台州市黄岩区为例》，载《农村经济与科技》2023年第5期，第50—53页。

[②] 梁美华、尹眸：《合伙企业解散可仲裁性之探究》，载《中国律师》2023年第1期，第67—69页。

[③] 王胜、丁关良：《我国农村宅基地纠纷仲裁制度探索》，载《合作经济与科技》2023年第8期，第185—187页。

[④] 秦红嫚、何紫微：《论PPP项目合同纠纷的可仲裁性》，载《浙江理工大学学报（社会科学）》2023年第6期，第718—727页。

[⑤] 闫涵：《评洛文集团股份有限公司及雷蒙德·洛文诉美利坚合众国仲裁案》，载《商事仲裁与调解》2023年第1期，第149—160页。

[⑥] 马良：《评埃尔帕索能源国际公司诉阿根廷共和国仲裁案》，载《商事仲裁与调解》2023年第2期，第150—160页。

[⑦] 石莹：《评Vestey集团有限公司诉委内瑞拉玻利瓦尔共和国仲裁案》，载《商事仲裁与调解》2023年第3期，第147—161页。

[⑧] 马燕飞：《Mamidoil Jetoil希腊石油产品协会诉阿尔巴尼亚共和国仲裁案评析》，载《商事仲裁与调解》2023年第1期，第133—148页。

[⑨] 刘嫡琬：《东盟国际投资仲裁第一案——Yaung Chi Oo诉缅甸案评析》，载《商事仲裁与调解》2023年第1期，第122—132页。

诉捷克共和国案[①]、Chemtura公司诉加拿大案[②]、Ulysseas诉厄瓜多尔案[③]、AWG集团诉阿根廷共和国案[④]、里班南科控股有限公司诉土耳其共和国案[⑤]、AMTO公司诉乌克兰案[⑥]等予以详尽评析。

2.投资仲裁与法庭之友意见

法庭之友意见对国际投资仲裁裁决的影响折射出国际投资仲裁中非争端参与方与仲裁庭，乃至与当事方之间的复杂关系。有论者指出随着投资仲裁中法庭之友参与规则的完善、参与经验的积累以及仲裁庭对裁决合法性的追求，越来越多的法庭之友意见将对裁决产生更为实质性的影响，遵循"宽进严出"的规则设计与裁量原则是平衡法庭之友影响的基本思路。[⑦]

3.投资仲裁与国家反诉

国家反诉是国际投资仲裁中的重要程序性机制，但在实际适用当中却面临着重大的制度性困境。有论者指出产生这种现象的根本原因在于现有的国际投资条约对国家反诉的管辖权、可受理性与诉因要件缺乏全面、具体的规制。进而主张化解国家反诉适用困境的根本出路：一是在国际投资条约中直接规定国家具有反诉权；二是在国际投资条约中明确国家反诉与投资者本诉须存在事实联系；三是在国际投资条约中设定具体的投资者义务。长远来看，构建体系化的国家反诉规则，不仅能够实现司法经济与司法协调之双重功能，还

---

① 崔琢：《菲尼克斯诉捷克共和国投资仲裁案评析》，载《商事仲裁与调解》2023年第4期，第137—145页。

② 魏芊汝：《评Chemtura公司诉加拿大仲裁案》，载《商事仲裁与调解》2023第5期，第123—134页。

③ 姚若楠：《从Ulysseas诉厄瓜多尔案看国际投资仲裁中的国家归因问题》，载《商事仲裁与调解》2023年第5期，第135—149页。

④ 邢嘉文：《评AWG集团诉阿根廷共和国案》，载《商事仲裁与调解》2023年第4期，第146—160页。

⑤ 于占洋：《评里班南科控股有限公司诉土耳其共和国案》，载《商事仲裁与调解》2023年第3期，第133—146页。

⑥ 于占洋：《评AMTO公司诉乌克兰案》，载《商事仲裁与调解》2023年第5期，第109—122页。

⑦ 单菊铭：《法庭之友意见对国际投资仲裁裁决影响的实证研究——基于ICSID案件的考察》，载《国际法研究》2023年第1期，第107—128页。

有助于推动投资者与国家之间的利益平衡。①

4. 投资仲裁与经济制裁

经济制裁是近年来国际投资仲裁领域兴起的热点话题。有论者提出，东道国经济制裁措施的合法性和适当性将可能在 ISDS 机制下接受国际法层面的审视和考验，中国方面应预判在涉及经济制裁的投资争端仲裁程序中，外国投资者与东道国对管辖权、经济制裁的合法性、经济制裁与投资待遇的关系及仲裁裁决的承认与执行等问题上所可能提出的主张和抗辩，应对中国作为东道国和海外投资者时所分别面临的潜在风险。②

5. 投资仲裁中的禁诉令与临时措施

禁诉令在国际投资仲裁中的运用独具特色，它集中彰显了国际法治与国内法治的多维复杂关系。有论者指出，仲裁庭通常将仲裁规则中的临时措施条款作为发布禁诉令的规范基础。但禁诉令并不能与一般临时措施完全等同，仲裁庭对国内法律程序的干预应仅以保障国家善意履行条约义务、保护投资者诉诸仲裁的权利为宗旨。在实践中，对于国内平行程序，以投资条约为基础的仲裁庭几乎不存在运用禁诉令维护仲裁排他性的现实需求；而与仲裁争端不相同但相关的国内法律程序，特别是刑事程序则可能会受到仲裁庭的干预。其背后的根源是投资仲裁庭为维护行业利益，人为割裂国际法体系与国内法体系，忽略了国内法院作为与仲裁机构平等的争端解决机构的角色，并一味强调仲裁管辖权的至高无上。固然，针对国内刑事程序运用禁诉令也体现了投资仲裁对国内法治的矫正功能，但该功能因受制于投资条约的授权范围而具有局限性。③

对于投资仲裁中的临时措施，有论者指出，关于采取临时措施的条件，

---

① 桑远棵：《国际投资仲裁中国家反诉的适用困境及其化解》，载《中国海商法研究》2023 年第 1 期，第 102—112 页；丁丁、张耀璇：《国际投资仲裁中东道国环境类反请求的困境与出路》，载《经贸法律评论》2023 年第 1 期，第 54—73 页；张倩：《论 ISDS 机制下的环境反请求——以"伯灵顿资源公司诉厄瓜多尔案"为例》，载《商事仲裁与调解》2023 年第 5 期，第 150—160 页。

② 赵德铭、金挺峰、周文桐：《国际投资仲裁中的经济制裁问题研究》，载《国际经济法学刊》2023 年第 2 期，第 70—86 页。

③ 宁红玲、魏丹：《论禁诉令在国际投资仲裁中的运用》，载《国际法研究》2023 年第 4 期，第 127—145 页。

投资者—国家仲裁的仲裁庭在实践中形成了一套通用的标准：初步管辖权、案件初步成立、必要性、紧迫性以及比例原则。在投资者—国家仲裁中，仲裁庭没有遵循先例的义务。当事方可根据自身需要借鉴 ICJ、国际海洋法仲裁庭、国际商事仲裁庭的判例法，但要注意不同法庭或仲裁庭之间存在的差异。虽然"Hela Schwarz 案"没有对五项国际公认标准做出重大的发展，但是双方当事人的论证方法和说理仍然具有很强的借鉴意义，可供日后临时措施申请人和被申请人借鉴。①

6. 投资仲裁与比例原则

比例原则广泛适用于国际投资仲裁实践。有论者指出，仲裁庭并未清晰阐明比例原则在国际投资仲裁法律体系中的法源定位，仲裁庭参照人权法院判例适用比例原则却忽略了缺乏与人权法院等效的环境要素，进而导致了规范效果难以契合投资仲裁的需求。故，论者建议东道国可以考虑在对外签订投资协定时明确规定比例原则的适用模式或引入相关利益优先条款，在适用比例原则裁判时则需要综合考量东道国的社会背景，避免过于主观的价值评判。②

7. 投资仲裁与可再生能源

在国际投资仲裁语境下，可再生能源发展及其带来的补贴引起了多方的争议。有论者指出，投资仲裁庭在审查公平公正待遇条款中"投资者合理期待"核心要素时的不一致，导致投资者诉求与东道国管制权难以平衡。我国应统筹推进可再生能源在国内治理层面与国际治理层面的良性互动，在吸取相关案件经验的同时积极建立并完善合理的政策动态调整机制与有序的补贴退出机制。③

8. 投资仲裁与投资者资格认定

在仲裁实践中，涉华投资者遇到了投资协定规范冲突、自然人投资者双重国籍冲突、涉华国有企业易被针对、条约选购导致丧失投资者资格等问题。其

---

① 张川方：《投资者—国家仲裁中采取临时措施的条件——兼评"Hela Schwarz 诉中国案"》，载《商事仲裁与调解》2023 年第 3 期，第 58—72 页。

② 何焰、谷放：《比例原则在国际投资仲裁中的适用反思：场域边界与规范张力》，载《武大国际法评论》2023 年第 2 期，第 138—157 页。

③ 梁丹妮、唐浩森：《"双碳"目标下的可再生能源投资仲裁研究——以"投资者合理期待"为切入视角》，载《武大国际法评论》2023 年第 4 期，第 119—140 页。

中，投资者资格认定成为缓和各方利益冲突的突破口。有论者指出，在研究涉华投资者资格认定标准的过程中，要重视涉华投资者资格认定标准的现状，包括国籍和永久居留权冲突时投资者资格认定标准不统一、自然人投资者有效或主要国籍标准逐渐弱化、合理期望说在条约选购案例中未发挥标准效应，以及母国国家责任给涉华国有企业投资者资格认定带来的风险。此外，涉华自然人投资者双重国籍问题的处理也要遵循三个方面原则，通过控制权标准限制法人投资者"条约选购"，采用竞争中立原则保障国有企业投资者资格。[①]

此外，有论者还就 ISDS 机制改革的深化[②]，投资仲裁中的投资风险[③]、安全例外[④]、第三方资助[⑤]、公共利益[⑥]、税收争议[⑦]、知识产权[⑧]、

---

① 蒋莉苹：《国际投资仲裁中涉华投资者资格认定及利益平衡》，载《武大国际法评论》2023 年第 5 期，第 137—157 页。

② 漆彤：《投资争端解决机制现代化改革的重要里程碑——评 2022 年 ICSID 新规则》，载《国际经济评论》2023 年第 3 期，第 6 页、第 51—67 页；赵希伟：《"一带一路"倡议下国际投资仲裁机制的改革——边际裁量原则的引入》，载《福州大学学报（哲学社会科学版）》2023 年第 2 期，第 122—132 页；桑远棵：《〈中欧全面投资协定〉ISDS 机制：欧盟方案与中国选择》，载《国际贸易》2023 年第 5 期，第 66—73 页；马忠法、唐金翎：《建立 RCEP 投资争端解决机制的理论问题》，载《广西财经学院学报》2023 年第 3 期，第 54—67 页；杨彦东、韩永彩：《中国—东盟服务贸易争端仲裁解决机制研究——与 ICSID 对比的视角》，载《时代经贸》2023 年第 12 期，第 100—104 页；李晓玲：《中非投资争端的国际投资仲裁解决研究》，载《国际经济合作》2023 年第 5 期，第 39—51 页、第 92—93 页；张正怡：《是否作为争端解决机制的替代：投资者—国家争端预防机制及其实现路径》，载《国际经贸探索》2023 年第 10 期，第 95—106 页；于飞、柯月婷：《论国际投资仲裁"正当性危机"的应对——以司法谦抑为进路》，载《厦门大学学报（哲学社会科学版）》2023 年第 5 期，第 57—66 页。

③ 谷婀娜、邓晨晨：《"一带一路"沿线投资争端风险识别及经验借鉴——基于投资仲裁案例的实证分析》，载《西安交通大学学报（社会科学版）》2023 年第 5 期，第 88—100 页。

④ 梁咏、刘中奇：《国际投资仲裁中的东道国安全例外抗辩与中国对策研究》，载《海关与经贸研究》2023 年第 4 期，第 106—123 页。

⑤ 王晓杰：《第三方资助国际投资仲裁费用担保问题探究》，载《商事仲裁与调解》2023 年第 4 期，第 38—53 页。

⑥ 罗维昱：《国际核能源投资仲裁中公共利益保护缺失的困境与破解》，载《国际法学刊》2023 年第 2 期，第 106—130 页、第 157 页。

⑦ 吕宁宁：《国际投资仲裁中的税收措施与征收》，载《上海政法学院学报（法治论丛）》2023 年第 4 期，第 134—148 页。

⑧ 张惠彬、何易平：《WTO 上诉机构停摆背景下国际知识产权纠纷解决的出路——基于 ISDS 实践的分析》，载《国际经济法学刊》2023 年第 3 期，第 127—142 页。

管辖[1]与准据法[2]、东道国国内法的法律地位与功能[3]，以及投资仲裁与WTO机制衔接[4]等众多问题展开深入研究。

（四）体育仲裁

《体育法》的体育仲裁专章，引发了学界高度关注。有论者指出，《体育法》对体育仲裁界限和范围多为原则性规定，存在较大的解释空间，这也是竞技体育纠纷解决受案范围不明确、管辖权交叉重叠等问题产生的原因，不仅涉及体育仲裁与其他涉体育纠纷解决方式的衔接，还涉及体育仲裁与其他领域仲裁的衔接。在我国体育仲裁要接受司法审查的制度框架下，明确竞技体育纠纷的受案范围和各种程序间的衔接是构建并完善体育仲裁体系、妥善处理竞技体育纠纷的应有之义。[5]

还有论者针对现阶段我国CAS仲裁裁决承认与执行司法审查实践中存在的障碍指出，由于我国并未规定"公共政策"，而是以"社会公共利益"代表我国国家利益与广大人民群众的核心利益，因此在CAS仲裁裁决承认与执行司法审查有必要将二者进一步衔接。同时，我国加入《纽约公约》时所做的商事保留并不能一概作为拒绝承认与执行在CAS仲裁裁决的抗辩理由，盖因国际体育仲裁的范畴远远大于商事关系的辐射范围。[6]

（五）仲裁庭组成

仲裁程序中组庭环节的重要性不言而喻。有论者指出，组庭制度设计至

---

① 崔起凡：《国际投资仲裁中管辖权阶段的证明问题——兼评涉华案件的相关实践》，载《社会科学家》2023年第10期，第103—108页。

② 王一栋：《国际投资仲裁准据法适用的困境与纾解——基于〈华盛顿公约〉第42(1)条的分析》，载《武陵学刊》2023年第6期，第67—76页。

③ 董静然：《论投资条约仲裁视域下国内法的法律地位》，载《国际经济法学刊》2023年第4期，第120—134页。

④ 朱玥：《WTO争端解决机制与ISDS机制功效衔接的路径与方法》，载《太平洋学报》2023年第4期，第25—33页。

⑤ 马军、马志文：《竞技体育纠纷解决机制的衔接与完善——以体育仲裁制度为切入点》，载《北京仲裁》2023年第2辑，第132—146页。

⑥ 沈云樵、李欣瑶：《CAS仲裁裁决承认与执行中的司法审查研究》，载《北京仲裁》2023年第2辑，第147—169页。

少应该关注以下五个方面问题，第一，要充分注意到中国仲裁机构的地域化与业务的全国化并逐步国际化之间的矛盾；第二，要增加仲裁员选定程序的透明化，为当事人选定仲裁员提供便利，避免仲裁员的神秘化；第三，要以确定规则的形式促进首席仲裁员的共同选定，减少机构指定首席仲裁员的比例；第四，在制定信息披露规则时要充分考虑中国优秀仲裁员供给不足的现状，避免披露规则过于苛刻；第五，仲裁员的回避程序需要充分保障有关各方发表意见的权利。①

（六）快速仲裁

快速仲裁在国际商业实践中日益盛行，该程序充分满足了当事人对经济效益和时间效益的双重诉求。

有论者针对《联合国贸法会快速仲裁规则》下的快速程序退出机制指出，虽然《联合国贸法会快速仲裁规则》对快速程序作出了准确定位，充分阐释了构建退出机制的必要性并对其加以完善，有助于促进其他仲裁规则的发展，但在效率价值的反思和重构、退出机制的启动主体等方面存在若干固有缺陷与潜在风险。完善退出机制是保障快速程序完整性和灵活性的客观要求，有利于提高仲裁效率、妥善解决纠纷。我国应当审慎借鉴《联合国贸法会快速仲裁规则》的先进经验，在立法层面继续支持快速程序的完善，推动仲裁规则精细化与个性化发展。②

（七）在线仲裁/远程仲裁

在线仲裁是网络技术与传统仲裁制度结合的产物，具有低成本、便捷灵活等独特优势。有论者指出，我国在线仲裁制度尚无直接具体的法律规定，在线仲裁面临着法律难适用、社会认同缺失以及体系散乱的发展困境。我国在线仲裁发展应坚守《仲裁法》的基本原则与内容、建立可信的仲裁系统、因

---

① 孙巍：《中国商事仲裁程序中与仲裁庭组成有关的若干问题探讨》，载《北京仲裁》2023年第2辑，第121—131页。

② 李卓航：《论〈联合国贸法会快速仲裁规则〉中的快速程序退出机制》，载《商事仲裁与调解》2023年第4期，第106—123页；王雨昕：《论快速仲裁期限延长的价值冲突和程序风险——以〈联合国国际贸易法委员会快速仲裁规则〉为例》，载《商事仲裁与调解》2023年第2期，第125—137页。

地制宜地制定相应的仲裁规则以构建完善的在线仲裁制度。①

（八）案外人权益救济

"虚假仲裁"等侵犯仲裁案外人权益现象受到广泛关注。有论者指出，伴随着仲裁机构"民间性"回归和对仲裁裁决效力认识的深入，仲裁裁决既判力应当坚持相对性。因而，应摒弃构建仲裁案外人提起撤销仲裁裁决之诉、申请不予执行等专门独立型救济机制，根据"侵犯物权型"、"虚构债务型"和"减少责任财产型"这三种可能侵害仲裁案外人权益的情形，挖掘和完善《民法典》《民事诉讼法》等规定的案外人异议之诉、分配方案异议之诉、撤销权之诉、确认无效之诉、侵权之诉等非专门独立型第三人救济路径。②

（九）经济制裁

单边经济制裁越来越频繁地出现在国际经济交往中，亦给仲裁机构、仲裁员、仲裁准据法以及仲裁裁决的承认与执行带来法律风险。其中，资产冻结制裁限制可能会阻碍仲裁机构收取费用，且在仲裁过程中会导致案件无法顺利进行。我国《反外国制裁法》缺乏豁免机制，也容易对仲裁机构和仲裁员造成负面影响。因此，仲裁庭应充分尊重当事人意思自治，不应像法院一样将经济制裁纳入准据法范围。我国法院应坚持支持仲裁原则，审慎采用公

---

① 陈卫洲：《我国在线仲裁的发展困境及对策研究》，载《互联网天地》2023年第2期，第24—29页；陈丽平、夏夕晴：《国际商事仲裁远程庭审对当事人权利的挑战与应对》，载《长江论坛》2023第4期，第2页、第55—63页；谢聪敏：《跨境电商争议在线解决机制比较研究》，载《哈尔滨学院学报》2023年第9期，第33—37页；刘国庆：《论网络仲裁裁决的执行》，载《网络安全技术与应用》2023年第12期，第133—135页。

② 毋爱斌：《仲裁案外人权益救济机制的立法展开——基于我国〈仲裁法〉〈民事诉讼法〉修订和〈民事强制执行法〉制定的协同考量》，载《政治与法律》2023年第12期，第107—124页；武振国：《仲裁案外人权益救济机制研究——从案外人申请不予执行正确裁决切入》，载《商事仲裁与调解》2023年第2期，第60—74页；颜韵：《再论虚假仲裁案外人的权利保护：实证检视、立法比较与路径优化》，载《天津法学》2023年第1期，第102—112页；刘宏林：《案外人参加仲裁制度的实践与思考》，载《商事仲裁与调解》2023年第4期，第54—68页；陈靖方、黄浩哲：《虚假仲裁案外人保护机制的反思与完善》，载《浙江万里学院学报》2023年第3期，第46—52页；秦平山：《仲裁裁决执行案件中被追加执行人权利救济途径探究》，载《河北科技大学学报（社会科学版）》2023年第3期，第61—69页。

共政策保留，拒绝承认与执行涉及经济制裁的外国裁决。①

（十）仲裁的司法监督

司法监督是仲裁制度的重要组成部分。有论者指出，我国以1994年颁布实施的《仲裁法》为基础的涉外与国内双轨审查、程序与实体二元监督模式的仲裁司法审查制度，在实践中已显现出诸多弊端。为此，建议扩大涉外因素识别标准，并轨至原涉外仲裁监督范围，坚持程序性审查原则，允许当事人协议约定监督范围以最大限度尊重当事人意思自治，以期构建一个更加完善和符合时代发展趋势的商事仲裁司法监督机制。②

有论者针对最高人民法院第36批指导案例指出，第36批指导案例集中体现了人民法院对仲裁司法审查的创新探索，为仲裁协议独立性理论的顺利适用提供了方法指导，拓展了仲裁自治性理论的适用范畴，在对违背社会公共利益原则的认定和支持中国仲裁的国际化发展方面，体现出明确的指导方向。对该批指导案例的审理思路与裁判方法，需要结合我国仲裁的制度特色、实践需求和国际仲裁规则与趋势准确理解适用。③

有论者针对现阶段我国CAS仲裁裁决承认与执行司法审查实践中存在的障碍指出，有必要在我国针对CAS仲裁裁决承认与执行的司法审查中，进一

---

① 杜涛、叶子雯：《论经济制裁对国际商事仲裁的影响》，载《武大国际法评论》2023第3期，第69—84页；张建：《单边经济制裁在国际商事仲裁中的性质界定及适用路径》，载《中国海商法研究》2023年第3期，第70—81页。

② 何云：《我国涉外仲裁司法审查的几个争议问题——以〈仲裁法〉修订为视角》，载《法律适用》2023年第9期，第147—157页；谭启平：《关于我国仲裁裁决监督机制完善的思考》，载《中国法治》2023年第9期，第74—78页；熊童量：《我国仲裁司法监督混同困境的优化路径》，载《商事仲裁与调解》2023年第5期，第81—93页；倪超、李志民：《虚假仲裁检察监督的完善》，载《人民检察》2023年第15期，第100页；王贵生、马韶：《破解虚假商事仲裁检察监督实践难题》，载《中国检察官》2023年第13期，第54—57页；徐前权、杜雅雯：《我国民商事仲裁的社会监督》，载《长江大学学报（社会科学版）》2023年第5期，第89—93页；朱旖：《困境与出路：案外人申请不予执行仲裁裁决制度的司法适用研究——围绕〈最高人民法院关于人民法院办理仲裁裁决执行案件若干问题的规定〉第9、18条展开》，载《商事仲裁与调解》2023年第2期，第75—83页；尤文杰：《国内仲裁裁决撤销事由实证研究——兼论法定撤裁事由的完善》，载《商事仲裁与调解》2023年第2期，第84—103页。

③ 姜丽丽：《仲裁司法审查的创新探索及其理解适用——兼评最高人民法院第36批指导案例》，载《商事仲裁与调解》2023年第3期，第7—24页。

步做好与国际体育仲裁的有益衔接,在司法实践中统一对体育仲裁管辖权、准据法确认、商事保留、公共政策、体育纠纷可仲裁性等问题的判定标准,明确体育仲裁承认与执行的司法审查标准,为我国体育仲裁事业的发展提供有力支撑,切实推进我国矛盾与纠纷多元化化解机制的建设。[1]

重新仲裁是仲裁司法监督的重要方式。针对我国现行立法中的重新仲裁制度,有论者指出,现行立法中发回仲裁并未针对需要纠正的程序瑕疵,而是指向伪证及隐瞒证据。所谓的"自纠"导致仲裁未经撤销而就已决事项重复仲裁,亦与裁决的终局性、既判力相悖。通知并等待仲裁机构表态才能终结或恢复撤销程序,则招致程序的迟延。故,主张只要局部瑕疵未从根本上影响仲裁程序的合法性,发回仲裁较另行仲裁或诉讼更符合程序经济,法院应当合并裁定,即通过撤销裁定的形成力恢复仲裁程序。[2]

(十一)仲裁裁决的解释与指导价值

仲裁裁决的解释是裁决后三种内部救济方式之一。有论者指出,我国《仲裁法》对此未作规定,但实践中已粗略勾勒出裁决解释规则的框架。该框架体现出明显的执行法院导向,与遵循"当事人—仲裁庭"互动模式的国际通行实践存在一定差异。由于裁决解释是对经由最终裁决确立的法律秩序的调整,裁决解释本身也应被划定适用边界,可从三个维度对裁决解释规则予以约束和完善:从一裁终局原则出发,宜认定裁决解释构成裁决的一部分,同时防止裁决解释变相修改裁决,否定裁决的终局效力;从当事人意思自治原则出发,应发挥当事人的主导权,由当事人而非执行法院启动裁决解释程序,且在无当事人授权的情况下仲裁庭不得主动解释裁决;从正当程序原则出发,应限制解释期限,并给予其他当事方发表意见的合理机会,同时准用作出裁决的若干规则。[3]

关于"仲裁先例"问题,有论者建议适度借鉴"仲裁先例"的实际效用

---

[1] 沈云樵、李欣瑶:《CAS仲裁裁决承认与执行中的司法审查研究》,载《北京仲裁》2023年第2辑,第147—169页。

[2] 马家曦:《人民法院发回仲裁程序的反思与重构》,载《南大法学》2023年第6期,第111—125页;王飞涵:《〈仲裁法〉修改背景下重新仲裁制度研究》,载《牡丹江大学学报》2023年第5期,第61—68页。

[3] 孟伟:《论仲裁裁决解释的边界》,载《商事仲裁与调解》2023年第2期,第19—37页。

价值，特别是在程序法上的效用，可以学习"司法指导性案例"的构建模式，设置中国特色的"仲裁类案参考""仲裁指导性案例"机制，收集各个仲裁机构具有代表性、承担司法经验和集体智慧的高质量裁决，为商事仲裁领域提供更高质量的裁决参考。同时，仲裁机构应当学习国际一流仲裁机构的公开、编撰、参考模式仲裁裁决，摘要、收集裁判要点，构建"仲裁先例"的模式，推动仲裁机制的高效、公正、合理地发展。①

（十二）仲裁机构的建设

仲裁机构提供专业的争端解决平台，确保程序公正、高效进行，同时促进国际商事关系的健康发展。

为保障仲裁机构的独立性，仲裁机构章程的内容应由法律明确规定并进行合理限制。有论者提出，仲裁法应通过区分必须记载事项和任意记载事项的方式对仲裁机构章程的制定和修改主体、仲裁机构的性质、内部组织架构等内容进行强制性规定，明确仲裁机构章程的效力和外部监督方式，并确保仲裁机构章程的对外公开。②

国际商事仲裁机构程序管理权扩张现象受到国内外学者的普遍关注。有论者指出，从规范主义视角来看，仲裁机构程序管理权的扩张与意思自治原则的冲突只是虚假的表象；从功能主义视角来看，仲裁机构程序管理权的扩张有利于解决仲裁系统效益所面临的困境。不论是规范主义视角还是功能主义视角，国际商事仲裁机构程序管理权扩张的正当性均可证成。③

关于仲裁机构对国际商事仲裁信息的保护问题，有论者指出，国际商事仲裁的本质特点和发展趋势要求加强对国际商事仲裁信息的保护。我国主要仲裁机构在仲裁信息安全措施制度上存在体系缺失或不完备、规制范围过窄、可提供的安全措施单一的缺陷。为加强国际商事仲裁信息安全保护，仲裁机

---

① 林雅婷：《仲裁先例是驳论吗？关于"仲裁先例"争论的比较研究和法理思考——兼论其对中国仲裁的启示》，载《北京仲裁》2023年第1辑，第85—115页。

② 龙迎湘：《我国商事仲裁机构章程制度的检视与完善》，载《法商研究》2023年第1期，第117—129页。

③ 王怡然：《论国际商事仲裁机构程序管理权扩张的正当性》，载《北方法学》2023第2期，第138—149页。

构应建立完备的仲裁信息安全措施制度、引进仲裁信息安全技术、提供多样的信息安全措施,并注重仲裁信息保护的基准安全。①

仲裁数据化是数字技术广泛应用的时代趋势。有论者指出,仲裁数据化导致仲裁需要面对数据监管,由此对仲裁公私界限划分、价值取向平衡和竞争格局调整产生影响。中国应以包容立法的理念在设定宏观仲裁法律框架的基础上,借助地方仲裁立法和参与国际软法制定等方式为仲裁数据化创造空间,通过数据化手段促进诉讼与仲裁的衔接并提升仲裁的解纷能力,以合作监管的模式推动政府、仲裁协会和仲裁机构多元合作,围绕数据的安全、自由流动,以数据分级分类和协议化规范仲裁数据的跨境流动。②

(十三)区域仲裁中心研究

随着海南自由贸易港涉外商事的发展,建立多元化商事纠纷解决机制成为其打造法治化、国际化、便利化营商环境的迫切需要。有论者为此指出,海南自贸港在构建多元化民商事纠纷解决机制中主要面临缺少国际一流仲裁与调解机构、尚无专门性立法、法治保障体系尚待完善等问题。为此,海南自贸港需要积极借鉴美国、新加坡、中国香港等国家和地区的有益经验,通过完善相关立法、充分发挥调解作用、深化体制机制改革等多种途径,使民商事纠纷解决更加国际化、市场化、法治化、便利化,尽快建立与国际接轨且具有中国特色的多元化民商事纠纷解决机制,全面提升海南自贸港民商事纠纷解决的国际影响力和竞争力,为我国多元化民商事纠纷解决机制现代化建设探索路径、积累经验。③

针对上海打造亚太海事仲裁中心战略选择与安排,有论者提出,立足中国国情和已有优势,不断推进高水平对外开放并扩大制度型开放,考察借鉴既有国际海事仲裁中心的制度经验,对标国际标准,对接国际通行规则,推

---

① 李昱辰:《国际商事仲裁视角下仲裁信息安全措施制度研究》,载《商事仲裁与调解》2023年第5期,第58—80页。

② 冯硕:《仲裁的数据化与中国应对》,载《上海政法学院学报(法治论丛)》2023年第4期,第100—116页。

③ 李猛、赵若锦:《海南自贸港多元化民商事纠纷解决机制现代化建设路径探索》,载《武大国际法评论》2023年第4期,第141—157页。

进中国仲裁法律修订，用好中央立法授权/放权推动上海地方仲裁立法，不断完善中国海事仲裁规则，为上海打造亚太海事仲裁中心提供国际一流的制度和法治保障。[①]

亦有论者就RCEP背景下广西涉外商事争端仲裁解决机制问题展开深入研究，在指出广西涉外商事争端仲裁所面临困难的同时亦提供了促进建议。[②]

（十四）商事仲裁国际合作与域外立法

商事仲裁国际合作对快速解决国际商事纠纷、优化中国营商法治环境发挥着重要的作用，但其也面临着仲裁立法相对滞后、仲裁管理改革动力不足和仲裁合作平台缺乏等现实困境。为此有论者指出，中国应顺应仲裁合作时代潮流，借《仲裁法》修订之际，加强与国际商事仲裁规则的衔接，以立法确立临时仲裁制度，完善网上仲裁制度，明确规范驻中国的外国仲裁机构的活动，为推进国际商事仲裁合作机制的合法化构建提供法律基础；加快国际商事仲裁机构改革创新，以改革建立统一化的法人治理模式、去行政化的仲裁管理机制、灵活性的人事管理机制，提升仲裁机构的国际竞争力以及国际公信力，为建设国际商事仲裁合作机制提供机构保障；推进国内仲裁与国外仲裁合作，以合作加强与各国和各地区司法机关、仲裁机构间的互动与交流，建立区域化互联网仲裁服务平台和区域化国际商事仲裁中心，为国际商事仲裁合作机制的构建提供平台保障，以便更公正、合理、高效地解决国际商贸投资争议。[③]

而对于商事仲裁的域外立法和实践，其中对于美国海事仲裁制度，有论者指出，与其他国际海事仲裁中心的海事仲裁制度相比，美国海事仲裁制度既呈现出国际共性，亦不乏独特个性；既有优势，亦存在不足。但面向国际航运界提供其熟悉和习惯的海事仲裁服务，则是其不变追求。在上海建设亚太海事仲裁中心之际，当下的务实举措具体包括推进《仲裁法》修订，推动地方

---

① 邓杰：《上海打造亚太海事仲裁中心的制度供给与法治保障》，载《上海师范大学学报（哲学社会科学版）》2023年第6期，第133—141页；王霁：《全力保障打造面向全球的亚太仲裁中心》，载《上海人大月刊》2023年第12期，第13—14页。

② 广西壮族自治区司法厅课题组：《加强RCEP背景下广西涉外商事争端仲裁解决机制工作研究》，载《中国法治》2023年第12期，第102—107页。

③ 黎群：《论国际商事仲裁合作机制的构建》，载《法商研究》2023年第3期，第144—157页。

仲裁立法先行先试，推动海事仲裁规则不断修改完善，以此进一步彰显海事仲裁的专业特色，更好满足海事仲裁发展的实践需求，从而为上海建设亚太海事仲裁中心构建出国际一流的海事仲裁法治环境。[1]此外，有论者就韩国媒体仲裁制度[2]、巴基斯坦仲裁裁决司法审查[3]、非洲商法协调组织修订后的《仲裁统一法》[4]、朝鲜涉外经济仲裁制度[5]等展开深入研究。

除上述各项研究主题外，本年度研究文献还论及我国国际商事调解问题[6]、专家证人的回避问题[7]、仲裁员时间费率计收报酬问题[8]、被撤销裁决承认与执行问题[9]、

---

[1] 邓杰：《美国海事仲裁制度多维检视及中国选择——从建设国际海事仲裁中心的视角出发》，载《国际法研究》2023年第6期，第138—158页。

[2] 朴文玲、金镕灿：《韩国媒体仲裁制度的发展历程、特点及启示》，载《东疆学刊》2023年第1期，第75—81页、第128页。

[3] 张炯、冯丽芳：《巴基斯坦仲裁裁决司法审查对公共政策的界定与适用》，载《商事仲裁与调解》2023第2期，第48—59页。

[4] 朱伟东：《OHADA〈仲裁统一法〉解读》，载《中国投资（中英文）》2023年第Z5期，第43—44页。

[5] 金京梅：《实效性视域下的朝鲜涉外经济仲裁制度探析》，载《延边大学学报（社会科学版）》2023年第6期，第31—37页、第137页。

[6] 刘晓红：《论我国民商事纠纷多元化解决机制的现代化》，载《东方法学》2023年第2期，第162—178页；郭子平：《我国国际商事调解特区立法：问题争议、解决机制及制度贡献》，载《深圳大学学报（人文社会科学版）》2023年第4期，第13—25页；陈雅峥：《国际商事调解中的虚假调解问题及中国因应——以〈新加坡调解公约〉为视角》，载《商事仲裁与调解》2023年第1期，第93—110页；李建欢：《商事调解协议效力类型化及多阶段决策研究——以广东省实践为例》，载《商事仲裁与调解》2023年第3期，第39—57页；果沈洁、肖冰：《国际争端解决机制的司法化困境及其改革进路》，载《外交评论（外交学院学报）》2023年第5期，第8页、第128—154页；宋雅洁：《论"一带一路"视野下仲调结合模式选择》，载《商事仲裁与调解》2023年第1期，第111—121页；朱伟东：《"一带一路"背景下中国国际商事法庭的发展与完善》，载《学术探索》2023年第9期，第87—94页；刘茸：《论中国国际商事法庭附设调解制度的发展》，载《商事仲裁与调解》2023年第2期，第138—149页；许军珂、王晓杰：《国际调解院：国际争端解决的新平台》，载《中国高校社会科学》2023年第5期，第136—148页、第160页；

[7] 王婧茹、肖永平：《国际仲裁当事人指定专家回避的事由、法理基础和限制》，载《商事仲裁与调解》2023年第3期，第25—38页。

[8] 李佳临：《按小时费率计收仲裁员报酬的法理基础与规范进路》，载《商事仲裁与调解》2023年第5期，第42—57页。

[9] 刘畅：《互惠原则下被撤销的国际商事仲裁裁决的承认与执行》，载《商事仲裁与调解》2023年第5期，第94—108页。

仲裁法修订问题[①]、临时仲裁[②]和友好仲裁[③]问题、仲裁独立性问题[④]、禁止仲裁令问题[⑤]、高校涉外仲裁人才培养问题[⑥]等广泛事项。

四、结语

　　商事仲裁问题的研究状况是一国或地区商事仲裁业发展程度的晴雨表。而商事仲裁业的发展程度又是评判一国或地区营商环境和法治软实力的重要因素之一。《中共中央关于进一步全面深化改革 推进中国式现代化的决定》第九部分"完善中国特色社会主义法治体系"第36条"完善推进法治社会建设机制"和第37条"加强涉外法治建设"指出,深化仲裁制度改革,健全国际商事仲裁和调解制度。本年度研究文献积极回应眼下商事仲裁热点,研究对象面向实践发展,研究内容守正创新,研究方法更趋具体务实,为推进我国仲裁事业的发展以及进一步提升中国仲裁的公信力奉献智慧。

[①] 林剑锋、张喜彪:《游走在诉讼与非讼之间:〈仲裁法〉修改背景下仲裁裁决撤销程序性质的反思与澄清》,载《商事仲裁与调解》2023年第2期,第104—124页;湖北省武汉市黄陂区人民检察院课题组、李庆贺:《〈中华人民共和国仲裁法〉修改背景下虚假仲裁检察监督探析》,载《中国检察官》2023年第7期,第51—54页;张世超:《诉裁衔接视角下的主管竞择规制——以〈中华人民共和国仲裁法(修订)(征求意见稿)〉第28条为中心》,载《甘肃政法大学学报》2023年第2期,第118—132页;南迪:《论〈民法典〉背景下真正利益第三人在仲裁中的法律地位——兼谈〈仲裁法〉的修改》,载《南大法学》2023年第4期,第154—169页;赵以:《我国民商事群体性纠纷集团仲裁解决机制建构》,载《商事仲裁与调解》2023年第4期,第7—20页。

[②] 范悦:《我国自贸试验区临时仲裁制度建构的困境及其突破》,载《国际商务研究》2023年第3期,第102—110页;姜泽慧、申傲:《〈立法法〉修改背景下临时仲裁的引入路径》,载《青岛远洋船员职业学院学报》2023年第4期,第33—37页、第53页。

[③] 王淑敏、李银澄:《中国自贸区开展国际商事友好仲裁的问题与对策》,载《中国海商法研究》2023年第3期,第59—69页。

[④] 李天生、伍方凌:《布鲁塞尔体系下仲裁独立性的回归及其对"一带一路"仲裁合作的启示》,载《江苏大学学报(社会科学版)》2023年第3期,第76—86页。

[⑤] 于秋磊:《国际商事争议中禁止仲裁令制度在我国的构建》,载《中国法律评论》2023年第6期,第212—222页。

[⑥] 范冰仪:《高校涉外仲裁人才培养的困境与对策》,载《中国高教研究》2023年第3期,第77—83页;罗瀛、葛友山:《加强国际商事仲裁人才培养》,载《北京观察》2023年第7期,第46—47页。

2023 年关于中国仲裁和争议解决的英文文献综述

张 舒[*]

- **摘要**

    本文是对 2023 年发表的关于中国仲裁和争议解决的英文文献综述，共包括 21 篇期刊文章、报告等文献。笔者将上述文献归为以下主题：我国仲裁实务的发展，仲裁协议有效性问题，科技与仲裁程序，仲裁中的司法协助与司法审查，仲裁在专门法领域和区域的应用，港澳地区仲裁新发展，调解与替代性争议解决机制的新发展等。作者评述的文献中，一些关注了长久以来得到充分讨论的重点问题，而另一些聚焦了我国仲裁与争议解决的新动向。通过对上述文献的归纳和述评，本文试图让读者对国际学术和实务探讨平台上对中国仲裁与争议解决的讨论有所了解，为中文读者拓宽视野，增进中外从业者和学界的交流。

- **关键词**

    中国仲裁　改革　仲裁协议　网络仲裁　司法协助　涉外仲裁　调解

    Abstract: This manuscript summarises and comments on 21 journal

---

[*] 张舒，澳大利亚迪肯大学法学院高级讲师。

articles and reports published in English in 2023 on topics in relation to the arbitration and dispute resolution practices in relation to China. The author divided the commentary to 7 topics in accordance with the contents: the general development of arbitration in China, the validity of arbitration agreements, the impacts of new technology on arbitration proceedings, judicial assistance and judicial review in the context of arbitration law, application of arbitration in specific areas of law and in specific regions, developments of arbitration in Hong Kong and Macao, the recent developments of mediation and alternative dispute resolution methods. Some of the articles and reports focused on topics that are thoroughly examined and discussed over the years, while others focused on the new and innovative features and developments in arbitration and dispute resolution in China. By summarising and commenting on the above literature, this manuscript aims to demonstrate the current discussions on Chinese arbitration and dispute resolution among academics and practitioners in a global context, broaden the horizon of Chinese audience, and facilitate the communications between Chinese and foreign stakeholders of the Chinese dispute resolution market.

Key Words: Chinese arbitration, reform, arbitration agreement, online arbitration, judicial assistance, foreign-related arbitration, mediation

一、引言

《仲裁法》在立法层面上的改革和后疫情时代商事争议解决方式的发展是近年来仲裁领域探讨的热门话题。在这一背景下，笔者从 Lexis，Westlaw，HeinOnline，SSRN，Kluwer Arbitration 等英文文献数据库节选了 21 篇发表于 2023 年的期刊文章和报告，这些报告从不同的角度切入我国仲裁和争议解决的发展，体现了国际平台上对于我国仲裁事业的特别关注。本文将这 21 篇文章与报告分为以下七个主题逐一评述：我国仲裁概况，仲裁协议有效性问题，网络和科技对仲裁程序的影响，仲裁中的司法协助与司法审查，仲裁在专门法领域和区域的应用，港澳地区仲裁发展，调解与替代性争议解决机制的新发展。通过对上述文献的归纳和述评，本文试图让读者对国际学术和实务探讨平台上对中国仲裁与争议解决的讨论有所了解，为中文读者拓展视野，增进中外从业者和学界的交流。因笔者能力水平所限，如存在文献收集和梳理方面的疏漏，敬请读者批评指正。

二、中国仲裁概况

我国仲裁市场和规制体系和其整体发展是中外学者和实务界人士关注和讨论的热点。Bonnie Girard 关注到我国日益增长的国际商贸活动所带来的争议解决需求及其对我国仲裁业发展的推动作用。[1] Marcus Quintanilla 等作者为美国律师协会（ABA）所撰写的国际仲裁年度报告关注到我国仲裁的发展概况，包括如下几方面：我国对外国境外仲裁机构在我国设立办公室、开展业务进一步放开限制，北京、上海、重庆等城市为其提供指引；自 2022 年 1 月起，我国法院对于内地仲裁裁决的司法审查中，取消了对于当事人位于不同省份的案件的报告制度，仅保留了对于以公共政策为由撤销裁决或者拒绝执行案件的报告制度。[2]

Kai-Shen Huang 从人类学的角度对我国仲裁改革的国际化发展及其面临的挑战进行了分析。[3] 作者分别在仲裁机构和律所开展了人类学调查，并对法律、政策和司法案例进行了研究。作者认为我国仲裁在国际化方面仍面临挑战，这不仅源于我国仲裁机制在立法层面上与国际实践仍有一定差距，也源于在实践中我国仲裁机构的中立性和专业性也受到一定的质疑。尽管在行政和实务层面已有很多改革措施，如逐步接纳临时仲裁和境外仲裁机构在我国

---

[1] Bonnie Girard, The Rise of Arbitration in China, in Diplomat, November 2023.
[2] Marcus Quintanilla, et. al., International Arbitration, The Year in Review（ABA）2023，228.
[3] Kai-Shen Huang, Internationalization as a Leap of Faith: Arbitration Reforms in China and the Challenges of Implementation，（2023）10（2）Asian Journal of Law and Society 241-271.

仲裁，但囿于立法尚未修改，上述改革措施的合法性存在相当的不确定性。此外，作者还观察到不同仲裁机构在国际化改革浪潮中的地位、立场资源和利益等存在不一致性，因而在是否在仲裁规则层面推动国际化、多大程度上推动国际化，选择也有所不同。作者进一步观察到，尽管在规则层面上，一些领先的仲裁机构引进了一些国际上创新的举措，但这些新规则很少在现实中被使用。例如，一些机构发布了"投资者—东道国"仲裁规则，但目前尚未有根据这些机构规则进行的投资仲裁。一方面，仲裁体系内广泛存在着不同个体、不同机构，不同的政策和利益导向也会使其在国际化举措的实施困难重重。作者以两个仲裁机构为例，在其中一家机构中，不同领导的教育、工作和经验背景使他们对国际化的重视程度不尽一致，而另一个机构由某一领导推动的自上而下的国际化举措浮于表面，且未能受到基层的广泛接受。另一方面，机构层面在人员、制度和专业化方面的欠缺，也是国际化发展受限的原因。上述因素造成了社会力量自发推动的国际化进程缓慢，而我国社会需求、条件、价值等法律以外因素对其发展也造成了影响。因此，在法律层面上的改革和改善国际化措施在实务中推行的具体环境对推动这一发展是很有必要的。

三、仲裁协议有效性问题

仲裁协议的有效性是仲裁得以顺利进行、仲裁裁决得以被承认和执行的基础。而我国《仲裁法》出台于30年前，对于仲裁协议有效性的规定和现行主流国际实践有一定的差距，在实务中也带来了一系列的问题。不同的作者从适用法、临时仲裁、外国机构在我国仲裁等不同问题出发，探讨了我国《仲裁法》对仲裁协议有效性的规定和其在实务中的发展状况。

King Fung Tsang，Weijie Lin 通过与英国法比较以及进行实证研究，讨论了我国法院在如何决定适用于仲裁协议的法律问题上的实践。[①] 作者认为，尽管我国法律和司法解释对仲裁协议适用法的规定和英国法院通过判例所确立的规则有所不同，但实践效果上较为一致，且都体现了有利于仲裁的立场。

---

① King Fung Tsang，Weijie Lin，So Far So Close：Comparing Governing Laws in Arbitration Agreements under English and Chinese Laws，（2023）56 Vanderbilt Journal of Transnational Law 483.

在国际实践中，在当事人没有明示选择适用于仲裁协议的法律的情况下，存在两大立场：一些国家倾向于应当适用合同的适用法；另一些国家倾向于适用仲裁的"法庭法"（curial law）。[1] 英国属于前者，而我国属于后者。具体而言，英国法关于仲裁协议适用法的判定规则由 Enka[2] 和 Kabab-ji[3] 两案确立。Enka 确立了判定仲裁协议适用法的三步规则：首先，应当尊重当事人明示选择的适用法。其次，当没有明示选择的适用法时，应当视为当事人默示选择整个合同的适用法也适用于仲裁协议，但存在两项例外：其一，如果当仲裁地法存在适用于仲裁协议的强行法，可视为当事人同意使用仲裁程序法，而非合同适用法，适用于仲裁协议；其二，如果仲裁协议在仲裁地法有效，而在合同适用法下无效，则应视为当事人同意适用仲裁地法，而非合同适用法；而 Kabab-ji 针对这一点补充到，在存在当事人明示选择时，该推定不适用。最后，当明示和默示选择均无法确定时，应适用与仲裁协议存在最密切联系的法律，通常是仲裁地法。英国法的这一规则在世界范围内，尤其中国香港、新加坡等普通法法域，影响深远。

与之相比，我国关于仲裁协议适用法的判定规则首先出现于 2005 年的《第二次全国涉外商事海事审判工作会议纪要》[4]，随后在 2006 年《最高人民法院关于适用〈中华人民共和国仲裁法〉若干问题的解释》[5]以及 2011 年《涉外民事关系法律适用法》[6]进一步确立。根据该规则，法院首先应当审查当事人是否专门选择了适用于仲裁规则的法律；在没有该选择的情形下，法院应适用仲裁地法律或仲裁机构所在地法律；在仲裁地和仲裁机构都不确定的情况下，

---

[1] 作者注：curial law 在仲裁语境内又称为 Lex arbitri，是指仲裁的"法庭法"或者约束仲裁程序和仲裁庭的法律，通常仲裁地法律。为方便阅读，本文称为"仲裁地法"。

[2] *Enka Insaat Ve Sanayi AS. v. OOO Insurance Company Chubb*［2020］UKSC 38.

[3] *Kabab-ji SAL v. Kout Food Group*［2021］UKSC 48.

[4] 法发〔2005〕26 号，2005 年 12 月 26 日由最高人民法院发布，自 2005 年 12 月 26 日起施行。

[5] 2005 年 12 月 26 日由最高人民法院审判委员会第 1375 次会议通过，2006 年 8 月 23 日以法释〔2006〕7 号公布，自 2006 年 9 月 8 日起施行；根据 2008 年 12 月 16 日发布的《最高人民法院关于调整司法解释等文件中引用〈中华人民共和国民事诉讼法〉条文序号的决定》调整。

[6] 《中华人民共和国涉外民事关系法律适用法》，中华人民共和国第十一届全国人民代表大会常务委员会第十七次会议于 2010 年 10 月 28 日通过，自 2011 年 4 月 1 日起施行。

且当事人未能达成补充协议的情况下，法院应当适用法院地法律，即中国法。从字面意义来看，这一规则的立场和英国法相比存在显著不同，如对于明示选择有着较为严格的要求，不考察默示选择，并且在当事人没有明示选择的情况下采取仲裁地法而非合同适用法，以及最后的补充规则为直接适用中国法，而非根据最密切联系原则来确定适用法。

尽管在规定层面上我国和英国采取的立场显著不同，但作者认为我国的仲裁协议适用法判断规则在实践中的发展极大程度上弥合了其中的差别。最高人民法院2017年的司法解释①表明，如果当事人没有作出关于适用于仲裁协议法律的明示选择，而仲裁地和仲裁机构所在地的法律对于仲裁协议有效性的判定不同，法院应当适用确认仲裁协议有效的法律。这一规定极大程度上提高了仲裁协议被确认为有效的可能性，达到有利于仲裁的实质效果。此外，法院在判定当事人对仲裁机构的选择方面也采取了更为灵活、有利于仲裁的立场。2006年司法解释表明，如果当事人仲裁条款中对仲裁机构的表述不准确，但足以确定仲裁机构的，应认定当事人作出了对仲裁机构的有效选择。②在是否认定当事人对仲裁协议作出有效选择的问题上采取有利仲裁的立场也在2021年《全国法院涉外商事海事审判工作座谈会会议纪要》中得到进一步确认。③"预先报告制度"和其他法院措施也进一步保障了有利仲裁的基本立场在全国范围内的统一实施。因此，尽管我国的制度和实践与英国法有所不同，但其有利仲裁的趋势与之一致。不仅如此，《纽约公约》第5条第1款甲项关于仲裁协议有效性的司法审查被世界各地的法院广泛适用和采纳，也起到了推动司法实践统一化的作用。

在此基础上，作者进一步考察了2011年至2022年《涉外民事关系法律适用法》第18条的适用情况。在作者收集到的120个案例中，大约75%的案例仲裁协议适用法为中国法，25%为外国法；而另一项关于合同适用法的实证

---

① 《最高人民法院关于审理仲裁司法审查案件若干问题的规定》，法释〔2017〕22号，2017年12月26日公布，2018年1月1日施行，第14条。

② 《最高人民法院关于适用〈中华人民共和国仲裁法〉若干问题的解释》第4条。

③ 第93条。

研究表明，我国法院仅在 1.9% 的案例中适用了外国法。这表明我国法院在仲裁协议适用法上所采取的态度比在合同适用法上更为开放。

在适用外国法的案例中，普通法系法律的适用占 77%（23/30）；涉及的外国仲裁机构约占所有案例中对机构作出明确选择的案例中的一半。在所有案例中，80% 的案例中仲裁条款被认为有效，这表明我国的法律与实践整体上符合有利于仲裁的立场。支持仲裁条款有效性的案件比例也逐年增长，这充分说明了我国法院在实践中进一步推进了有利于仲裁立场的确立。此外，值得注意的是，当适用法为外国法时，仲裁协议有效率为 100%，而适用法为中国法时，仅有 74% 的仲裁协议被认为有效，这证实了我国仲裁法对于仲裁协议有效性判定的规则较为严苛，而其被认为无效的主要原因则是缺少对仲裁机构的明确选择。

作者进一步分析了上述三步分析法对于适用法判定结果的影响。在总数的 10%，即 12 起案件中，当事人明确选择了适用于仲裁协议的法律；然而值得注意的是，其中 8 起案件中法院列出了当事人的法律选择条款，而其中 6 起案件所引用的法律选择条款实际上是整个合同的法律选择条款，而非特别针对仲裁协议的法律选择条款。因此，作者认为，尽管在规则层面上，我国的立场要求当事人明确选择专门适用于仲裁条款的适用法，但在实践中不少法官采取的方式与英国实践较为一致，即实际上采取了合同适用法也适用于仲裁协议的推定。与此同时，另一个值得关注的问题是外国法的查明问题；尽管根据《涉外民事关系法律适用法》第 10 条的规定，寻求适用外国法的一方应当证明该外国法的内容，否则法院应适用中国法；但在仲裁条款适用法的案件中，法院采取的做法往往是根据上述规则判定外国法适用，而由质疑仲裁协议有效性的一方证明该仲裁协议在该法下无效，否则则认为该仲裁协议有效。在 90 个案件中，法院适用了仲裁地或仲裁机构所在地法律，其中 32 个案件涉及外国仲裁地或仲裁机构所在地，而法院在其中 30 个案件适用了外国法。适用法院地法的情况较为少见，在 2018 年后仅有两个案件。此外，作者注意到合同适用法和仲裁地法存在冲突的现象并不多见，因此在大多数情况下，采取英国或者我国的法律规则并不会带来判定结果的不同。此外，上述不同法律规则之间的不同随着我国《仲裁法》改革的推进将会进一步地消解。

2021年《仲裁法（修订）（征求意见稿）》不再要求仲裁协议对仲裁机构作出明确选择，其关于涉外仲裁协议适用法的判定规则也不再包含对仲裁机构所在地法律的考察，这向国际上对仲裁协议有效性的普遍实践进一步靠拢，也消除了我国法律作为仲裁协议适用法对仲裁协议有效性判定可能带来的不利影响。因此，不同法域间相异的仲裁协议适用法判定规则所带来的实际影响将在这些改革落实后进一步减小，也促进了有利仲裁的司法实践立场在世界范围内发扬光大。

Panfeng Fu 探讨了临时仲裁在我国法律框架下的合法性问题。① 作者指出，我国《仲裁法》对仲裁的规制框架是依托于由仲裁委员会管理的仲裁而建立的，因此排除了临时仲裁的可行性。尽管在随后的司法解释和实践中法院逐渐采取了对于"仲裁委员会"的扩张解释，对于机构名称不精确、选取外国仲裁机构的仲裁协议都采取了有利仲裁的解释，但这仍不足以为临时仲裁提供空间。立法层面上，1994年《仲裁法》出台时亟待解决的重点问题是推动仲裁体系的现代化，解决当时的机构乱象，推动机构的独立化和减少行政干预等，而临时仲裁并非当时的重点。排除临时仲裁，将未能明确选择仲裁机构的仲裁协议认定为无效，局限了当事人对仲裁的选择，也局限了我国仲裁业的发展。此外，由于《纽约公约》的存在，我国法院有义务承认和执行境外作出的临时仲裁裁决；我国法院也采取了冲突法分析的方式，在仲裁协议适用法为外国法时，如果该外国法不排除临时仲裁，也会承认选择临时仲裁的仲裁协议的有效性。

自2016年开始，我国法院在自贸区开展允许临时仲裁的实验做法。2016年《最高人民法院关于为自由贸易试验区建设提供司法保障的意见》（以下称《意见》）② 第9条第三段允许在自贸区注册的企业之间约定在内地特定地点、按照特定仲裁规则、由特定人员对争议进行仲裁，并承认这类仲裁协议的效力。作者认为这一规定不仅突破了《仲裁法》要求制定仲裁委员会的限制使临时仲裁成为可能，还突破了《仲裁法》关于仲裁员资格的限制，促进了在自贸

---

① Panfeng Fu, The Complex and Evolving Legal Status of Ad Hoc Arbitration in China（2023）40（1）Journal of International Arbitration 45-68.

② 法发〔2016〕34号，2016年12月30日公布。

区范围内开展临时仲裁的实务发展。在这一推动下，一些机构发布了临时仲裁相关规则，如珠海仲裁委员会发布的《横琴自由贸易试验区临时仲裁规则》（以下简称《横琴规则》），与其他主流仲裁机构（如 ICC 等）发布的关于临时仲裁的规则相比，后者主要将其职能局限在指定机构（appointing authority），仅限于处理协助组成仲裁庭和处理对仲裁员的回避请求等，但《横琴规则》则内容更广，仲裁机构对于临时仲裁的介入也更多，包括在一定条件下可将临时仲裁所作出的裁决转化为机构裁决。作者认为，在临时仲裁在我国立法层面未能得到承认的情况下，这一措施能够提高仲裁裁决的合法性和可执行性。

作者分析了在 2021 年公布《仲裁法（修订）（征求意见稿）》（以下简称《仲裁法》草案）后临时仲裁得到进一步发展的可能性。该草案不仅摒弃了仲裁协议需选仲裁机构的要求，更明确规定了在涉外仲裁中可以约定仲裁机构以外的专设庭进行仲裁，以及法院对其的支持措施，这基本类似于通常理解的临时仲裁。目前的规定中由仲裁机构协助当事人组成仲裁庭，也即国际实践中指定机构的功能，而法院能够在当事人没有形成合意的情形下协助选择仲裁机构作为指定机构。但是该规则还存在一些未能解决的问题，如当事人是否能选仲裁机构以外的机构或个人作为指定机构，以及在仲裁地、当事人所在地和其他与争议有密切联系的地点为不同地点的情况下，哪所法院应当行使权力。作者还认为在对仲裁裁决的司法审查机制已经存在的情况下，没有必要额外规定专设仲裁庭作出的裁决需送达法院备案。作者认为，在我国法院能够承认和执行在外国作出的临时仲裁裁决的情况下，不承认境内的临时仲裁裁决形成了不公平的局面。我国固有的、官僚化的仲裁体系是阻碍临时仲裁在我国得到充分发展的主要原因。由于这一问题在我国实践中仍亟待解决，临时仲裁在短期内很难得到彻底承认，而允许涉外案件采取临时仲裁已经是重要进展，这也是未来我国仲裁法有待进一步发展的重要议题。

Qianwen Zhang，Jiani Li 撰文分析了选择境外仲裁机构在我国境内管理仲裁的仲裁协议的有效性问题。[1] 随着一系列政策发布，境外仲裁机构在我国的

---

[1] Qianwen Zhang, Jiani Li, The Validity of Arbitration Agreements Providing for Arbitration in Mainland China Administered by Overseas Arbitration Institutions, (2023) 40(5) Journal of International Arbitration 633–656.

业务范围逐步扩大。2015年国务院发布的《进一步深化中国（上海）自由贸易试验区改革开放方案》①允许境外仲裁机构入驻上海自由贸易试验区（以下简称上海自贸区）。2019年国务院发布的《中国（上海）自由贸易试验区临港新片区总体方案》②进一步细化规则，允许境外仲裁及机构经上海市人民政府司法行政部门登记并报国务院司法行政部门备案，在新片区内设立业务机构，开展仲裁业务。随后上海市司法局发布《境外仲裁机构在中国（上海）自由贸易试验区临港新片区设立业务机构管理办法》（已失效）③为境外仲裁机构在上海自贸区进行仲裁活动提供了依据。最高人民法院于同年年底发布的《关于人民法院为中国（上海）自由贸易试验区临港新片区建设提供司法服务和保障的意见》④进一步肯定了境外仲裁机构在上海自贸区的仲裁业务以及相关司法支持。随后，北京市司法局也发布了《境外仲裁机构在中国（北京）自由贸易试验区设立业务机构登记管理办法》⑤，支持境外仲裁机构在北京自贸区开展业务活动。

尽管如此，我国法律和司法层面对于境外机构在我国管理仲裁仍缺乏明确、统一的指引。在仲裁协议适用法为我国法的情况下，《仲裁法》第16条规定仲裁协议应当具有"选定的仲裁委员会"，并且在第10条对"仲裁委员会"作出了明确的解释，因此从表面上来看，选择境外仲裁机构并不能满足这一条件。然而，在一系列司法案例中，这一严苛解释的观点被逐步摒弃。尽管早先在一些案例中，最高人民法院曾强调第16条中的仲裁委员会需满足其他条款的定义，而不包括外国仲裁机构⑥，但在2013年的龙利得案⑦中最高人民

---

① 国发〔2015〕21号，2015年4月8日公布。
② 国发〔2019〕15号，2019年7月27日公布。
③ 沪司规〔2019〕5号，2019年10月21日公布。
④ 法发〔2019〕31号，2019年12月13日公布。
⑤ 京司发〔2020〕91号，2020年12月28日公布。
⑥ 如《最高人民法院关于神华煤炭运销公司与马瑞尼克船务公司确认之诉仲裁条款问题的请示的复函》，〔2013〕民四他字第4号，2013年2月4日公布。
⑦ 《最高人民法院关于申请人安徽省龙利得包装印刷有限公司与被申请人BP Agnati S.R.L申请确认仲裁协议效力案的请示的复函》，〔2013〕民四他字第13号，2013年3月25日公布。

法院将第 16 条的要求解释为"明确具体的仲裁机构",并承认了当事人选择国际商会仲裁院(ICC Court of Arbitration)在上海的仲裁。这一观点在 2020 年的大成株式会社案[1]中得到了进一步确认。在该案中,当事人选择了新加坡国际仲裁中心(SIAC),上海仲裁。关于该仲裁协议的有效性争议,仲裁庭认为上海仅为开庭地,而非仲裁地;仲裁地应为新加坡,故仲裁协议在该法下有效。该争议随后被提交新加坡最高法院,该法院认为当事人所约定的法律意义上的仲裁地为上海,故仲裁协议有效性应由仲裁地所在法院,即上海法院进行审查。[2] 上海一中院采取了与龙利得案一致的宽泛解释,认为选择 SIAC 满足了仲裁法的要求,故仲裁协议有效。

  作者还回顾了在仲裁协议有效性其他相关问题上的司法实践。在未选择仲裁机构,但选择特定仲裁机构的仲裁规则是否满足仲裁法要求的问题上,法院的态度不尽一致。整体而言,最高人民法院采取了较为严苛的态度,在如旭普林案[3]等案件中均认为选择仲裁规则不足以认定为选择了仲裁机构。但在基层法院中不乏认为选择仲裁规则足以认定为选择了特定仲裁机构,从而认定仲裁协议有效的案件。[4] 而在 ICC 修改其仲裁规则,规定 ICC 仲裁院为唯一被授权依据该规则管理仲裁的仲裁机构后,在 2013 年的北仑案[5]和 2018 年的五洲开元案[6]中,法院均认可了选择 ICC 规则的仲裁协议的效力,其中五洲开元案的仲裁条款即为选择 ICC 规则,在北京仲裁,该条款被认定为有效。在仲裁裁决国籍的认定上,早先案例中法院偏向于认为仲裁裁决应视为仲裁

---

[1] 大成产业气体株式会社、大成(广州)气体有限公司与普莱克斯(中国)投资有限公司申请确认仲裁协议效力案,上海市第一中级人民法院(2020)沪 01 民特 83 号。

[2] BNA v BNB & Another〔2019〕SGHC 142。

[3] 《最高人民法院关于德国旭普林国际有限责任公司与无锡沃可通用工程橡胶有限公司申请确认仲裁协议效力一案的请示的复函》,〔2003〕民四他字第 23 号,2004 年 7 月 8 日公布。

[4] 厦门象屿集团有限公司与米歇尔贸易公司确认仲裁条款效力案,厦门市中级人民法院(2004)厦民认字第 81 号。

[5] 《最高人民法院关于宁波市北仑利成润滑油有限公司与法莫万驰公司买卖合同纠纷一案仲裁条款效力问题请示的复函》,〔2013〕民四他字第 74 号,2013 年 12 月 5 日公布。

[6] 北京市东城区法院河北五洲开元环保新材料有限公司与帕尔曼科技(北京)有限公司买卖合同纠纷一审民事裁定书,北京市东城区人民法院(2018)京 0101 民初 6973 号。

机构所在地裁决，而在新近案例中则逐渐承认仲裁裁决为仲裁地裁决。值得注意的是2009年的宁波工艺品案①，宁波中级人民法院将ICC在我国境内作出的裁决认定为《纽约公约》项下的"非内国裁决"执行，引起了广泛关注与讨论。2020年的布兰特伍德案②中，广州中级人民法院依据"仲裁地"标准，将ICC在我国境内作出的裁决认定为我国涉外仲裁裁决，进一步厘清了仲裁地标准作为判断裁决籍属的依据，由此也确定了境外仲裁机构在我国境内管理的仲裁裁决的司法审查机制。

作者进一步关注到上述进展在《仲裁法》草案得到了进一步体现。《仲裁法》草案第12条第3款规定了外国仲裁机构在我国开展业务的规范机制，第13条采取了比"仲裁委员会"更为广泛的"仲裁机构"概念并下了定义；第21条关于仲裁协议有效性的规定中移除了关于选定仲裁委员会或仲裁机构的要求；第35条则进一步规定了仲裁协议对仲裁机构约定不明的情况，进一步体现了有利于仲裁的立场；第27条则正式确认了仲裁地的概念和作为仲裁裁决籍属的标准。上述规则的确立解决了立法层面关于市场准入、规制、仲裁协议效力和籍属等重大问题，与国际通行实践接轨，能够进一步改善我国仲裁的国际影响力和公信力。

四、网络和科技对仲裁程序的影响

网络与科技在争议解决中的应用是近年来学界与实务界着重讨论的议题。受到全球疫情影响，依靠网络平台进行诉讼、仲裁和其他争议解决方式处理纠纷成为"新常态"；此外，大数据、算法和生成式人工智能在近年来的飞速发展也对争议解决实务的发展产生了较为显著的影响。下述文献从不同角度讨论了网络争议解决以及AI应用于争议解决的法律问题。

Kai-Shen Huang, Enhui Shen等作者讨论了后疫情时代给我国争议解决

---

① 德高钢铁公司（Duferco S.A.）申请承认与执行ICC第14006/MS/JB/.IEM号仲裁裁决案，〔2008〕甬仲监字第4号。

② 布兰特伍德工业有限公司〔BrentwoodIndustries, Inc.（U.S.A）〕与广东阀安龙机械成套设备工程有限公司等申请承认和执行仲裁裁决案，广州市中级人民法院（2015）穗中法民四初字第62号。

领域带来的新变化。[1] 在仲裁方面，作者关注到线上仲裁在疫情期间和后疫情时代的飞速发展，并探讨了其在仲裁程序法方面面临的法律问题，如线上仲裁如何进行，尤其是选择线上仲裁是应基于当事人合意还是仲裁庭具有终局的裁量权。在这一问题上，大多数仲裁条款都没有明确指引，而在实务中有些仲裁机构提供了相关指引。然而值得注意的是，不同仲裁机构赋予当事人合意在这一选择上的重要程度不同。例如，贸仲的相关指引仅将当事人合意与其他因素共同列为仲裁庭考量的具体情形之一；[2] 而北仲则认为仅在当事人均不反对，且没有其他不适合在线开庭因素的情况下，方可进行在线开庭审理。[3] 在实践中，仲裁庭一般对于在线开庭较为审慎，一般不会在当事人未同意的情形下推动在线开庭，这可能因为在实践中在线开庭需要当事人的大量配合工作，以及对未经当事人同意而进行在线审理的案件中作出的裁决是否会在随后的司法审查中遭到挑战存在疑虑。然而，作者同时也指出，如果赋予当事人在这一问题上最终决定权，可能会导致一些当事人滥用该权而干扰仲裁程序的正常进行。因此，作者认为仲裁庭应当具有一定的自由裁量权，但如何规范这一权力的行使，特别是如何判断当事人是否诚信、如何区分完全不可能现场开庭和现场开庭存在一定困难的情形等，在立法层面作出权威性指引之前，仍是仲裁机构需要面临的课题。

此外，作者也关注了在线仲裁发展中的其他问题，如数据安全问题（见下文）和证据问题。作者特别提及了贸仲指引中关于鉴定的特别规定[4] 以及关于书面审理的规定等。[5] 作者还分析了诉讼中的在线审理相关程序问题、证据规则等。

信息安全也是争议解决领域受到科技影响而产生的新兴议题。该问题随着

---

[1] Kai-Shen Huang, Enhui Shen et al., Covid-19 and Dispute Resolution in China: Trends in Arbitration and Litigation, (2023) 18 Asian Journal of Comparative Law 81.

[2] 中国国际经济贸易仲裁委员会于2020年4月28日发布的指引第6条。

[3] 《北京仲裁委员会/北京国际仲裁中心关于网上开庭的工作指引（试行）》，2020年5月8日公布，第2条、第3条。

[4] 中国国际经济贸易仲裁委员会于2020年4月28日发布的指引第4条。

[5] 前述指引第5条。

欧盟《通用数据保护条例》（GDPR）[①]的实施而成为实务中的热点，随着我国《网络安全法》[②]《数据安全法》[③]《个人信息保护法》[④]等一系列法律的出台，跨境争议解决中的数据出境合规问题也在我国语境下受到了关注。前述 Kai-Shen Huang, Enhui Shen 等作者认为在在线仲裁广泛实行的大环境下，数据安全问题不可避免地成为规制重点。《数据安全法》第 27 条和第 45 条对机构建立数据安全管理制度提出了要求。而国际商事仲裁理事会（ICCA）与国际律师协会（IBA）联合发布的《国际仲裁数据保护指南》为仲裁实务工作者如何在后疫情时代以及欧盟 GDPR 施行的语境下从事仲裁工作提供了指引。与此相比，我国相关法律亟待完善，尤其法律规定如何适用于仲裁实务还有待相关部门提供进一步指引。作者特别提及广州仲裁委在中国仲裁法学研究会支持下发布的《互联网仲裁推荐标准》（广州标准）及附件《互联网仲裁在线开庭技术与实施指南》在这方面所作出的规范，特别是其中关于数字安全的指引为国内实践提供了一定的具体规则，但由于该标准出台于前述法律生效以前，且以业务流程为主要内容，因此并不能涵盖最新法律框架下当事人及仲裁机构的数据合规责任。作者认为，仲裁实务工作者和仲裁机构应根据最新法律规则进一步探索数据安全合规的法律问题。

Jie Che, Xin Fu 也讨论了我国法律框架下国际仲裁中的数据出境安全问题。[⑤]根据《网络安全法》，关键信息基础设施的运营者在我国境内运营中收集和产生的个人信息和重要数据应在国内存储，其向境外提供时应经安全评

---

① General Data Protection Regulation（GDPR）, Regulation（EU）2016/679，entering into effect on 25 May 2018.

② 《中华人民共和国网络安全法》，2016 年 11 月 7 日第十二届全国人民代表大会常务委员会第二十四次会议通过，2017 年 6 月 1 日施行。

③ 《中华人民共和国数据安全法》，2021 年 6 月 10 日第十三届全国人民代表大会常务委员会第二十九次会议通过，2021 年 9 月 1 日施行。

④ 《中华人民共和国个人信息保护法》，2021 年 8 月 20 日第十三届全国人民代表大会常务委员会第三十次会议通过，2021 年 11 月 1 日施行。

⑤ Jie Che, Xin Fu, Cross-Border Data Transfer in International Arbitration from a PRC Law Perspective,（2023）25（4）Asian Dispute Review 174.

估。① 这一规则由国家互联网办公室2022年公布的《数据出境安全评估办法》② 进一步细化。而《数据安全法》和《个人信息保护法》则规定，境内组织、个人向外国司法或执法机构提供存储于我国境内的数据和个人信息，需经我国主管机关批准。③ 此外，根据司法部2022年6月发布的《国际民商事司法协助常见问题解答》，信息数据向境外提供需通过国家网信部门组织的安全评估、认证后方可进行；涉及国际司法协助的，应经主管部门批准。实践中的通常做法是由跨境诉讼当事人通过向司法部司法协助交流中心申请的方式寻求国家互联网办公室和相关法院等机构的联合批准。此外，上述规定是否适用于跨境仲裁案件的当事人向境外仲裁机构、仲裁庭、外方当事人等提供证据的情形尚不明确，这给参与境外仲裁的我国当事人造成了一定的困难。此外，作者关注到一些境外案件探讨了我国上述信息安全合规义务在跨境案件中的适用问题，如 Cadence v Syntonic Beijing 案④ 中法院认为我国《个人信息保护法》不构成当事人无法完成证据开释义务的理由。作者也注意到一些关于上述义务在仲裁领域的讨论，如主管部门批准是否可以视为完成安全评估的一种方式；当事人在仲裁程序的证据开释中以数据合规为由提出抗辩，仲裁庭在国际律师协会更新的证据规则指引下应当如何处理等。作者最后为跨境仲裁当事人提出了一些建议，如：应当在仲裁程序的初始阶段就为数据出境问题做出准备，尽早对涉及的法律风险做出评估并寻求合规意见；及时关注我国法律法规的变动；加强对数据管理的监管等。

Mingchao Fan，Gary Gao 以我国法律与实践为例，探讨了人工智能在争议解决实践中的适用及其影响。⑤ 作者认为，目前人工智能在我国司法和争议解决中的适用，主要由最高人民法院2022年发布的《关于规范和加强人工智

---

① 《网络安全法》第37条。

② 《数据出境安全评估办法》，国家互联网信息办公室令第11号，2022年7月7日公布，2022年9月1日施行。

③ 《数据安全法》第36条，《个人信息保护法》第41条。

④ 21-cv-03610-SI（JCS）（N.D. Cal. Jun. 24, 2022）.

⑤ Mingchao Fan, Gary Gao, A Brief Discussion on the Implications, Regulations and Prospects of AI in Dispute Resolution Practices with a Focus on China,（2023）17 Dispute Resolution International 113.

能司法应用的意见》(以下简称《意见》)①和2023年工信部等部门联合出台的《生成式人工智能服务管理暂行办法》②进行规范。前述《意见》明确了人工智能在司法中的应用需要遵循的基本原则，并且明确人工智能在任何情况下不应替代法官，而只能作为辅助手段；此外，该《意见》还提出了关于人工智能司法应用系统的建设要求。

  作者也关注到人工智能在我国司法和争议解决领域的广泛应用，如在山东使用大数据对暴力犯罪案件进行分析研究，为刑事法庭的法官提供了案件审理和分析的框架；海南高院研发了量刑规范化智能辅助办案系统；北京高级人民法院的"睿法官"以人工智能辅助司法审判活动；浙江法院系统使用AI法官助理可实现线上审理；上海法院的"206"刑事案件智能辅助办案系统等。在仲裁领域，广州仲裁委员会采用了AI仲裁秘书"仲小雯"，其在一些仲裁程序中已经可以取代真人仲裁秘书辅助开庭，并履行实时翻译、生成笔录、证据管理等多种功能。在一些简单案件中，"仲小雯"甚至可以通过智能语音转录系统生成仲裁裁决初稿。衡水仲裁委员会在2018年成立的网络金融在线仲裁中心允许当事人在线完成申请仲裁、立案、付费、开庭等一系列活动，并由仲裁庭以在线方式送达仲裁裁决。深圳国际仲裁中心研发的第一个仲裁机器人3i可以回答当事人提出的关于仲裁、诉讼和适用法等方面的大多数问题。争议解决律师也在实务中广泛使用人工智能辅助其工作。

  然而，值得指出的是，尽管人工智能能够极大程度上提升效率、降低成本，但其工作成果的质量却受到其所分析的文本范例和算法精确度的影响。例如，如果人工智能所分析的文本范例过于简单，法律论理不明确，甚至包含隐含的偏见，则会影响其成果的质量。此外，人工智能难以分析语词背后的隐含含义，也难以承担法官和仲裁员的深层次和复杂分析和创造性的解释，以及对价值和道德因素的衡量等。人工智能也在一定程度上减损了真人法官的职能。例如，

---

① 法发〔2022〕33号，2022年12月8日公布并施行。
② 国家互联网信息办公室、中华人民共和国国家发展和改革委员会、中华人民共和国教育部、中华人民共和国科学技术部、中华人民共和国工业和信息化部、中华人民共和国公安部、国家广播电视总局令第15号，2023年7月10日公布，2023年8月15日施行。

浙江高院推行的凤凰金融智审已经在处理金融贷款案件中无须真人法官干预独立主持庭审，甚至辅助生成判决。即便是由人工智能辅助工作，法官的裁断过程也不再是独立思考的过程，其不可避免地受到人工智能的影响。人工智能从数据输入到输出结果的过程不透明更引起公众对于法官和仲裁庭独立性、公正性的担忧。此外，人工智能还可能出现错误，如ChatGPT曾在一起美国案件中为律师生成了不存在的案例，对庭审产生了较为严重的影响。[1]

作者认为，一方面，尽管人工智能存在局限性，但其在法律领域的广泛使用是大趋势。其在精确度和价值分析方面的欠缺可以进一步改善，而其在争议解决领域的适用也可以得到进一步推广。但另一方面，有必要由真人对人工智能进行管理和监督，法院和仲裁庭对于人工智能的使用也应加强管理和规范，严格注意人工智能输入范本的质量和准确性，并采取纠错系统。作者认为，由于商业利益、知识产权以及算法技术的复杂性等原因，目前对于争议解决领域算法的开源应当审慎处理，至少在现阶段应当有限开源，由专家对其进行审查。

五、仲裁司法协助与司法审查

法院系统对于仲裁的支持是仲裁终局性、权威性和便利性的重要保障。一些作者从不同的角度分析了我国法院的司法实践对仲裁程序和仲裁裁决的态度，尤以中国香港为重点。

Jian'an Wu, Shicong Qin, Xuetong Wang 探讨了我国仲裁体系内临时措施的做出和执行问题。[2] 作者首先回顾了我国当前关于仲裁临时措施的规定。根据《仲裁法》和《民事诉讼法》的规定，目前我国法律所承认的临时措施仅包含财产保全和证据保全，且仅有法院可以做出临时措施；在我国进行的仲裁案件中，当事人提出的请求需经仲裁委员会转交法院。作者认为尽管这

---

[1] Roberto Mata v Avianca Inc., Case No. 1：2022cv01461, Document 54, US District Court Southern District of New York, 22 June 2023.

[2] Jian'an Wu, Shicong Qin, Xuetong Wang, The Issuance and Enforcement of Interim Measures in International Arbitration Under Chinese Law（2023）39 Arbitration International 85-94.

一做法保证了临时措施的可执行性，但其过程烦琐，可能难以达到临时措施应当达到的效果。除此以外，一些国内仲裁机构在其新近版本的仲裁规则中，如北仲2015年以后的规则及中国（上海）自由贸易试验区仲裁规则等，均规定了仲裁庭可以在相关适用法的允许下做出临时措施，保留了在其他法律作为仲裁适用法的情况下，由仲裁庭做出临时措施的可能性。在临时措施的可执行性方面，仲裁机构和仲裁庭做出的临时措施目前在我国难以得到法院执行。对于境外仲裁而言，法院对当事人提出的临时措施申请也持较为保守的态度。例如，在株式会社DONGWON F & B仲裁程序中的财产保全案①中，当事人向上海法院提起了财产保全申请但未能获得支持。存在例外的是法律法规有明文规定的情形，如《海事诉讼特别程序法》中关于海事仲裁的规定，在实践中已有较为成熟的体系；我国内地与香港、澳门间关于仲裁程序的司法协助安排②也为两地间临时措施的做出和执行提供了保障。在此基础上作者进一步探讨了《仲裁法》草案关于临时措施的新规定可能带来的变化和发展，如临时措施不再局限于由法院做出，仲裁庭具有较为广泛的自由裁量权；在组庭前，当事人还可以申请仲裁机构制定紧急仲裁员以发布临时措施。当事人可以不必经过层层转交就可以直接向法院申请临时措施，提高了争议解决效率。此外，《仲裁法》草案还粗略规定了临时措施需法院协助执行的情形。作者认为《民事诉讼法》也应该做出相应调整，对境外仲裁临时措施在我国的执行作出更为系统的配套规定。整体而言，《仲裁法》草案对临时措施所进行的改革与国际实践的趋势更为一致，能够改善我国仲裁司法环境，提升我国仲裁的国际竞争力。

Adrian Lai分析了我国新近的仲裁司法协助和仲裁裁决司法审查案件及其对香港仲裁的支持。③作者关注了一系列新近案例和司法实践，如指导性案例

---

① 上海市高级人民法院（2014）沪高受终字第21号二审民事裁定书。
② 《最高人民法院关于内地与香港特别行政区法院就仲裁程序相互协助保全的安排》《最高人民法院关于内地与澳门特别行政区就仲裁程序相互协助保全的安排》。
③ Adrian Lai, Mainland China's Judicial Practice on the Recognition and Enforcement of Arbitral Awards and Interim Measures in Aid of Hong Kong Arbitrations（2023）25（4）Asian Dispute Review 166.

201号[1]对《纽约公约》的理解和使用,认为国际足联球员身份委员会属于国际单项体育组织内设的自治性争议解决机构,不属于独立的仲裁机构,其仲裁结果可上诉,不具有终局性,因而不符合《纽约公约》项下可承认与执行的仲裁裁决的范围。作者注意到我国实践中"仲裁地"概念的承认与适用,逐渐取代了曾经广泛使用的"仲裁机构所在地"概念,这也在《仲裁法》草案中得到了体现。作者还注意到一系列"有利仲裁"的司法实践,如自西门子案[2]以来对涉及自贸区案件中"涉外因素"的宽泛解释,柬埔寨光纤通信网络有限公司与国家开发银行案[3]所处理的不对称仲裁协议案中法院采取的有利于维护仲裁的解释,以及执行有临时仲裁庭通过快速程序审理的案件作出的裁决等[4]。在润和案[5]中,最高人民法院认为尽管当事人约定了先谈判再仲裁,但并未约定谈判期限,当事人将争议提交仲裁即可视为其谈判失败,故未经充分谈判不会减损仲裁的正当性和有效性。关于公共政策和社会公共利益作为撤销裁决、拒绝执行仲裁裁决的理由,一方面作者观察到在曼氏案[6]等案件中法院对公共政策采取了非常审慎的线索解释;但另一方面也注意到指导性案例199号[7]等案件中适用了该理由。特别值得指出的是,关于法院作出的关于仲裁裁决有效性的裁定和仲裁裁决相冲突的情形是否构成违反公共政策或社会

---

[1] 指导性案例201号:德拉甘·可可托维奇诉上海恩渥餐饮管理有限公司、吕恩劳务合同纠纷案,最高人民法院审判委员会讨论通过,2022年12月27日发布。

[2] 《最高人民法院关于西门子国际贸易(上海)有限公司申请承认与执行外国仲裁裁决一案的请示的复函》,〔2015〕民四他字第5号,2015年10月10日公布。

[3] 北京金融法院(2022)京74民特4号。

[4] 指导性案例第200号:斯万斯克蜂蜜加工公司申请承认和执行外国仲裁裁决案,最高人民法院审判委员会讨论通过,2022年12月27日发布。

[5] 《最高人民法院关于润和发展有限公司申请不予执行仲裁裁决一案的审查报告的复函》,〔2008〕民四他字第1号,2008年5月8日公布。

[6] 《最高人民法院关于ED&F曼氏(香港)有限公司申请承认和执行伦敦糖业协会仲裁裁决案的复函》,〔2003〕民四他字第3号,2003年7月1日公布。

[7] 指导性案例199号:高哲宇与深圳市云丝路创新发展基金企业、李斌申请撤销仲裁裁决案,最高人民法院审判委员会讨论通过,2022年12月27日发布。

公共利益，我国法院在 Castel、①帕尔默、②盖特汽车③等一系列案件中的表态不尽一致，但整体而言我国法院对维护我国法院裁判的终局性，将其视为公共政策或社会公共利益一部分的态度是一致的。

作者也关注了 2019 年《关于内地与香港特别行政区法院就仲裁程序相互协助保全的安排》（以下简称《安排》）④和香港国际仲裁中心（HKIAC）被纳入"一站式"国际商事纠纷多元化解决机制的仲裁机构⑤对香港仲裁的积极影响。

Mariel Dimsey，Dong Long 着重介绍了我国的最高人民法院国际商事法庭及其司法实践对香港仲裁的支持。⑥作者简要介绍了国际商事法庭的设立背景、构成及其在我国司法体系内的地位，并探讨了其对香港仲裁的支持作用。作者特别指出，香港国际仲裁中心（HKIAC）是国际商事法庭的"一站式"国际商事纠纷多元化解决机制纳入的仲裁机构中唯一一家位于中国内地以外的仲裁机构。依据《安排》，在香港进行仲裁的当事人可以向内地法院申请关于在香港进行的仲裁的保全措施。而其中争议金额超过 3 亿元，或者其他符合国际商事法庭管辖情形的案件，当事人可向国际商事法庭申请保全措施，这进一步方便了在香港地区仲裁的当事人。当事人不再需要指定具体的中级人民法院，也避免了当事人故意选择法院的情形；对英文文件进行翻译的要求进一步降低；国际商事法庭对案件文件的公开措施也提升了司法程序的透明度。此外，国际商事法庭在执行香港作出的仲裁裁决方面也提供了便利，由于国际商事法庭在层级上属于最高人民法院的一部分，其作出的决定不能上诉，也无须经过预先报告制度上报，对文件的翻译要求更为宽松和文书公开制度带来的便利也同样适用。

---

① 《最高人民法院关于申请人 Castel Electronics Pty Ltd. 申请承认和执行外国仲裁裁决一案请示的复函》，〔2013〕民四他字第 46 号，2013 年 10 月 10 日公布。
② 帕尔默海运公司（Palmer Maritime Inc）对中牧实业股份有限公司案，（2017）津 72 协外认 1 号。
③ 盖特汽车自由贸易区公司、埃及盖特汽车制造公司等申请认可和执行香港仲裁裁决案，（2015）鄂宜昌中民认字第 2 号、第 3 号。
④ 法释〔2019〕14 号，2019 年 9 月 26 日公布。
⑤ 法办〔2022〕326 号，2022 年 6 月 22 日公布。
⑥ Mariel Dimsey，Dong Long，（2023）17 Dispute Resolution International 55.

六、仲裁在专门法领域和区域的应用

在探讨我国法院关于承认和执行针对我国海外上市公司的关于证券争议的外国司法判决时，Robin Hui Huang，Weixia Gu 探讨了仲裁作为替代性争议解决方式的前景。① 我国公司在海外上市可能因为披露或合规问题被股东起诉，而其在海外法院得到的判决在我国执行会遇到一系列问题。有鉴于此，作者认为仲裁是可取的替代方式。由于《纽约公约》的普遍适用，仲裁裁决的可执行性能够得到保障，也可以回避执行中的主权和管辖等问题。此外，选择仲裁解决证券相关纠纷还有其他优势，如费用相对较低，效率高，可以选择相关领域的仲裁员等。然而在美国，目前尚未有广泛接受证券仲裁的趋势；美国证券交易委员会（SEC）曾支持推广在首次公开募款（IPO）中添加强制仲裁条款，但遭到业界和学界的广泛反对。在没有强制仲裁条款的情况下，公众投资者很难与上市公司预先达成仲裁协议。此外，证券纠纷仲裁裁决可能因为公共政策因素在执行中遭遇困难。仲裁以私密性为特性，缺少透明度和可预测性，也无法实现诉讼中的集体诉讼。因此，作者认为仲裁在目前的法律环境下难以完全替代证券诉讼。

Won Kidane 评述了中国—非洲经济关系和争议解决，其中特别关注了仲裁在这一领域的发展。② 在中非经贸发展的背景下，主流的仲裁选择包括贸仲北京仲裁和 UNCITRAL 规则下的临时仲裁。少数争议选择国际商会仲裁院（ICC），国际投资争端解决中心（ICSID）或者伦敦国际仲裁院（LCIA）。作者回顾了贸仲案件数据的涉非洲案件，并观察到贸仲案件在非洲国家法院的执行已有了一些先例。作者还关注到国内和非洲仲裁机构的合作，如由南部非洲仲裁基金会、上海国际仲裁中心、北京仲裁委员会/北京国际仲裁中心、深圳国际仲裁院、内罗毕国际仲裁中心、西非商法统一组织等联合成立的中

---

① Robin Hui Huang, Weixia Gu, China's Recognition and Enforcement of Foreign Securities Judgments Against Overseas-listed Chinese Companies,（2023）26 Journal of International Economic Law 577-594.

② Won Kidane, Trends in China-Africa Economic Relations and Dispute Settlement（2023）43（3）Northwestern Journal of International Law & Business 291-347.

非联合仲裁中心，目前分别在约翰内斯堡、内罗毕、北京、上海、深圳由不同的仲裁机构负责其运转，并有专门的、统一的仲裁规则可供使用。作者对该规则进行了较为细致的分析，认为目前该规则对案件在不同中心之间的归属问题缺乏更为严谨、详尽的规定。此外，该机构的组织结构说明将争议限定为当事人的营业地或国籍分属中国和非洲国家的争议，这与仲裁规则中的管辖权条款不尽一致，也带来了一定的不确定性。此外，作者还认为该规则关于仲裁员制定的规则中，留给当事人选择仲裁员的时间（15天）过短，而机构介入过早；关于证据的规则也有一些细节问题。整体而言，作者认为该规则受到我国机构规则和法律体系的影响。

七、港澳地区仲裁发展

港澳地区的争议解决发展也是我国争议解决版图的重要部分。Marcus Quintanilla 等作者为美国律师协会（ABA）所撰写的国际仲裁年度报告也关注了香港仲裁的新发展。[①] 例如，《联合国国际货物销售合同公约》在香港正式施行，进一步增强了香港作为国际商事争议解决中心的竞争力；香港于2022年3月通过的《仲裁及法律执业者法例（与仲裁结果有关的收费架构）条例草案》为当事人节约仲裁成本提供了帮助，进一步鼓励当事人选择仲裁作为争议解决方式。

Jennifer Wu 等作者介绍了香港法院对于仲裁裁决进行司法审查的法律框架和实务要点。[②] 依据《仲裁条例》，[③] 当事人可提出四种类型的司法审查请求：（1）撤销仲裁裁决；（2）就法律问题的上诉；（3）以严重不当事件为理由质疑仲裁裁决；（4）申请拒绝执行仲裁裁决。其中（2）和（3）必须以当事人合同明确规定收到《仲裁条例》第99条至第103条及相关附表内条文的约束方可适用。作者还介绍了香港法院对仲裁裁决进行司法审查的最新案例。在 AB

[①] Marcus Quintanilla, et. al., International Arbitration, The Year in Review（ABA）2023, 228.

[②] Jennifer Wu, Cynthia Chan, Jane Ng, Challenges to a Final Arbitral Award: Setting Aside and Resisting Enforcement in Hong Kong,（2023）25（3）Asian Dispute Review 137.

[③] Arbitration Ordinance, Cap 609.

v CD 案①中，法院撤销一项仲裁裁决，认为 AB 仅是仲裁协议相对方的子公司，而并非仲裁协议的相对方；此外，如果 AB 是仲裁协议相对方，则未能收到关于仲裁程序的适当通知。类似的，在 CMB v Fund 案②中，法院认为争议并非发生在仲裁当事人之间，故仲裁庭无权管辖。但值得注意的是，在 X v Jemmy Chien 案③中，法院认为仲裁庭是解读当事人意愿、判断其是不是仲裁协议相对方的最佳人选，而没有支持当事人撤销裁决的申请。在 T v B 案④以及 C v D 案⑤中，法院认为仲裁前置条件是否满足属于可受理性问题，而非管辖权问题，这一态度表明了香港法院在仲裁司法审查相关案件中采取的有利仲裁的立场。在 Arjowiggins HKK2 Ltd v X Co 案中，法院基于仲裁庭的裁断超出了当事人的诉求的理由撤销了裁决，但应当注意到的是该案的判决是基于其特殊事实而作出，并非表明香港法院采取限缩解释的立场。在 Canudilo International Co Ltd v Wu Chi Keung & Ors 案⑥中，法院认为仲裁程序存在严重瑕疵，违反程序正义，当事人被剥夺了陈述案情的正当权利，因此拒绝仲裁裁决的执行。在 LY v HW 案⑦中，当事人 LY 以公共政策为理由提出抗辩，认为仲裁庭未能处理争议中的核心问题，对其裁决缺乏必要说理。法院认为尽管仲裁庭未能明确解决当事人所指出的问题，但这最多构成法律错误，而不足以构成对公共政策的违反。在 T v C 案⑧中，当事人同样提出了公共政策抗辩，认为涉案主要证据是伪造的，对方构成欺诈。法院认为在仲裁裁决司法审查语境下证明欺诈的标准很高，而当事人未能提供足够证据达到这一标准。法院同时表示，作为执行地法院，应当一定程度上参考仲裁地法院（本案中为马来西亚法院）作出的关于仲裁协议有效以及拒绝撤销裁决的决定。

---

① ［2021］HKCFI 327.
② ［2023］HKCFI 760.
③ ［2020］5 HKC 177.
④ ［2021］HKCFI 3645.
⑤ ［2022］HKCA 729（Court of Appeal）.
⑥ ［2022］HKCFI 700.
⑦ ［2022］HKCFI 2267.
⑧ ［2016］HKEC 753.

在 A Consortium comprising TPL and ICB v AE Ltd 案[①] 中，当事人单方面发起了执行仲裁裁决的申请，而在其单方申请中未能披露另一方当事人已经向仲裁地提起申请撤销和停止执行仲裁裁决，且未能对没有披露上述事项做出合理解释。法院批准了另一方当事人撤销该单方发起的执行申请令，但随后依据其他理由执行了该项仲裁裁决。上述案例为当事人理解香港法律和实务，在香港发起和参与仲裁裁决司法审查相关案件提供了重要参考。

香港国际仲裁中心（HKIAC）撰文，从其业务数据角度分析了香港及香港国际仲裁中心（HKIAC）作为亚洲—非洲争议解决平台的发展和前景。[②] 该文通过对数据分析和经验总结，解析了其实务经验和在处理亚洲—非洲争议方面的独特优势。在亚洲和非洲贸易投资飞速发展，尤其是"一带一路"相关项目大力发展的背景下，亚洲—非洲之间的争议解决受到业界关注。香港国际仲裁中心（HKIAC）研究了其 2015 年至 2022 年的相关数据。在这期间，总共有 62 个涉及至少一方非洲当事人的案件，其年度占比从 2015 年的占比 4.8% 升至近年的 20% 左右（2019 年为 24.2%，2020 年为 22.6%）；其中 25.8% 的案件已裁决结案，其余案件和解结案或延期、撤案。这些案件涉及多个业务领域，包括商事争议（33.9%），海事（25.8%），公司、金融争议（各 14.5%），职业服务争议（6.5%），知识产权，劳动和其他争议等。总争议金额为 15,606,846,889.54 港元，平均争议金额为 251,723,336.93 港元。尽管其中有 39 起案件争议金额低于香港国际仲裁中心（HKIAC）简易程序的金额标准，但实际仅有 2 起案件采取了简易程序。大多数非洲当事人来自塞舌尔（35.5%），毛里求斯（11.3%），南非（11.3%）和埃塞俄比亚（9.7%）；涉及 25 个来自非洲的申请方和 48 个来自非洲的被申请方；其中有一起案件双方均来自非洲。全部案件中，48 起案件也同时涉及亚洲当事人，其中我国大陆（内地）当事人超过半数（52.1%），随后是我国香港地区（33.3%），新加

---

① ［2021］4 HKLRD 116.

② Hong Kong International Arbitration Centre, Settlement of African–Asian Disputes Under the Auspices of the Hong Kong International Arbitration Centre: What do the Numbers Show?（2023）25（1）Asian Dispute Review 4 –11.

坡和我国台湾地区等。香港法（45.2%）和英国法（32.3%）是当事人偏好的争议解决实体法。香港是当事人选择的主要仲裁地（95.2%），也有较少案件选择新加坡或没有对仲裁地作出选择。英语（61.3%）是当事人选择的主要仲裁语言，随后是中文（8.1%）、中英双语或者没有明确选择。67.7%的案件选择适用香港国际仲裁中心（HKIAC）仲裁规则，也有案件选择适用UNCITRAL规则，或者不适用固定的仲裁规则。一些案件适用了香港国际仲裁中心（HKIAC）规则新近发展的仲裁规则，如追加当事人等，这有效地提升了仲裁效率。作者还关注到香港整体法律环境对仲裁实务的支持为亚洲—非洲间仲裁选择香港和香港国际仲裁中心（HKIAC）所提供的助力，认为上述数据为商务和法律人士在商事谈判和起草法律文件时考虑争议解决方式提供了重要参考。

Leung Cheok Si, Ansoumane Douty Diakite 考察了澳门作为中国与葡萄牙语国家间仲裁地与商事争议解决平台的前景。[1] 作者回顾澳门的经济发展和在我国与葡萄牙语国家之间的历史关系，以及中央政府对澳门发展的支持。在此基础上，作者考察了我国内地、我国澳门以及葡语国家（葡萄牙、巴西、安哥拉、佛得角、东帝汶、莫桑比克、圣多美和普林西比），并访问了36位参与中国与葡语国家间商事业务的法律职业人士。受访者认为澳门作为仲裁地，其与我国与葡语国家间的联系是其最大的优势，随后是其语言方面的便利。一些受访者还提及了其中立地位和其政府对于仲裁的支持、仲裁法的国际化程度、澳门与葡语国家法律体系的相似性等。此外，大多数从业者认为澳门作为仲裁地目前在还存不足，表现在缺乏发达的仲裁文化、有经验的仲裁机构、双语从业人士及仲裁员等。因此，要成为我国和葡语国家间争议中被当事人所信任和优先选择的仲裁地，澳门还需要进一步发扬仲裁文化，建立以中—葡争议解决为特色的仲裁机构和人才储备。

---

[1] Leung Cheok Si, Ansoumane Doutty Diakite, Exploratory Study of Macao's Role as An Arbitration Seat and Venue for Sino-Luso Commercial Disputes, R. Opin. Jur., Fortaleza, ano 21, n. 36, p. 181-204, jan./abr. 2023.

八、调解与替代性争议解决

除仲裁外，调解等其他替代性争议解决方式在我国的发展也是学者和实务界人士探讨的重点话题，其与诉讼、仲裁等裁判性争议解决方式息息相关，故本文亦将相关文献纳入讨论。

《新加坡公约》是联合国贸易法委员会（UNCITRAL）所推动的商事领域争议解决的又一创新性举措。不同的作者结合我国调解实务对其进行了分析。Zhang Sheng 评述了《新加坡公约》的历史背景、内容和评价，对我国的影响，以及在我国得到进一步发展的前景。[①] 作者回顾了调解作为替代性争议解决方式近年来在国际商事领域的发展以及《新加坡公约》的出台背景，指出了《新加坡公约》是 UNCITRAL 在调解领域，于 2012 年推出的《国际商事调解示范法》后的又一重要里程碑。其有意与仲裁领域的《纽约公约》和司法领域的 2005 年《选择法院协议公约》、2019 年《承认与执行外国民商事判决公约》在范围上相区别，也根据调解的特性采取了多项创新性规定。作者特别比较了《新加坡公约》与《纽约公约》所体现出的仲裁与调解的不同：首先，《纽约公约》规定了法院应当执行仲裁协议，这一干预在仲裁程序发生前；而《新加坡公约》仅关注调解已经完成之后的事项。其次，在仲裁领域，仲裁程序中当事人经调解达成的合意裁决可以依据《纽约公约》得到执行，而《新加坡公约》并未对综合仲裁或司法程序的综合性争议解决方式进行规定；《纽约公约》明确了仲裁裁决的籍属依据仲裁地确定，而《新加坡公约》强调和解协议的国际属性，而不规定其籍属问题。作者随后分析了《新加坡公约》中的一些尚待解决的问题。第一，《新加坡公约》要求证明和解协议是经由调解产生的，但这可能与调解的私密性、调解员的公正性有所冲突。第二，《新加坡公约》的一些规定是以调解员的行为守则为基础的，但目前世界范围内尚未形成完整、统一的调解员行为守则或规范；对调解中具体行为的调查也可能受到调解私密性的阻碍。第三，《新加坡公约》对法院执行和解协议缺乏具体

[①] Zhang Sheng, The Singapore Convention on Mediation and China's Commercial Mediation: Towards a Full-Fledged Regime（2023）11 China Legal Science 82.

明确的规则指引,这可能带来实践中的不确定性。

作者随后回顾了调解在我国的发展历史及当前的法律和实务现状。目前我国已签署《新加坡公约》,但尚未批准该公约,学界和实务界提出的问题和观点主要包括:我国目前尚无关于商事调解的专门立法,也缺少直接对接《新加坡公约》的和解协议执行机制和约束调解员的行为守则等规范;《新加坡公约》没有互惠保留机制,因而一旦生效会极大影响法院的受案量;直接承认和解协议的可执行性将会导致不必要的甚至虚假调解的大量产生。作者认为这些讨论,特别是关于虚假调解的观点过于夸大,其中一些问题已经在实践中有了应对措施,如《全国人民代表大会常务委员会关于修改中华人民共和国〈民事诉讼法〉的决定(2012)》、《刑法修正案(九)》及2018年的司法解释[1]中已经考虑到了虚假调解问题。

作者进一步分析了加入《新加坡公约》可能给我国带来的好处,如进一步提升调解在我国实务中的地位,促进其在争议解决体系中的发展,为国际商事争议的当事人提供多种选择;促进我国法律体系内关于商事调解的规范和规制体系的发展和完善;为在"一带一路"背景下的争议解决需求提供助力等。作者认为,在商事调解在我国专门调解机构(如上海经贸商事调解中心)和仲裁机构的调解分支等(如中国国际经济贸易仲裁委员会调解中心等)机构中已经得到了一定发展的基础上,我国应该在《新加坡公约》的指引下,制定商事调解相关的单行法律,并进一步探索机构调解以外的如个人调解等其他调解模式,并对国际商事和解协议的执行以及《新加坡公约》在投资者—东道国间的调解中的适用提供支持。

Meng Chen 从我国调解实践和《新加坡公约》对比的角度分析了《新加坡公约》对我国调解的影响。[2] 作者分析了调解作为替代性争议解决方式的优势和劣势,尤其是其在包括《纽约公约》在内的既有法律框架内在可执行

---

[1] 《最高人民法院、最高人民检察院关于办理虚假诉讼刑事案件适用法律若干问题的解释》,法释〔2018〕17号,2018年1月25日最高人民法院审判委员会第1732次会议、2018年6月13日最高人民检察院第十三届检察委员会第二次会议通过,自2018年10月1日起施行。

[2] Meng Chen, Commercial Mediation in Mainland China: Pitfalls and Opportunities,(2023)23 Pepperdine Dispute Resolution Law Journal 167.

性上的困境。尽管大多数学者认为经调解形成的合意裁决可以通过《纽约公约》执行，但如果当事人在发起仲裁前已经达成仲裁协议，可能并不满足《纽约公约》对于仲裁的定义，造成执行困难。合意裁决也可能存在仲裁员的管辖权问题和仲裁的合法性问题等。为应对这些问题，UNCITRAL 推动了《新加坡公约》的起草和通过。另外，作者通过对 2009 年至 2022 年的最高人民法院的公开数据对我国调解实务现状做了一些实证研究。作者将我国司法调解的应用分为四阶段：（1）1960—1990 年调解作为争议解决的主要方式；（2）1990—2004 年为自愿调解阶段，法院强调当事人的诉权，尊重当事人是否调解的意愿；（3）2004—2012 年调解优先，法院会积极促进调解，灵活运用多渠道的调解资源；（4）2012 年以后法院更加审慎地运用调解。作者更关注 2009 年以后的司法调解状况；在这一时期，尤其是后期，法院对调解的适用更为成熟，也注意到盲目追求高调解率可能造成的问题，因而调整了政策导向。此外，法院和其他机构也积极探索司法过程中由法官主导调解以外的调解模式，如法院专职调解员制度，与专职调解机构对接，创建多元化争议解决机制[①]等。作者进一步探讨了我国机构调解的发展和现状，特别是在仲裁与调解相结合的历史背景下仲裁机构也逐渐发展出独立的调解业务或者与外部调解机构合作，这与国际实践趋于一致。

在此背景下，作者指出《新加坡公约》的出台进一步促进了调解的发展。首先，《新加坡公约》规定了依赖和解协议，而并非承认与执行，以扩展和解协议在实务中更广泛的功能；其除了对电子签名的规定以外，对和解协议的达成并未规定任何程序规范，而交由相关国内法进行规范；对拒绝依据和解协议寻求救济的理由作出了限制性规范，尤其是与仲裁相比，没有对程序正义作出规定，但对调解准则的严重违反仍然构成拒绝救济的理由。此外，《新加坡公约》考虑和解协议的国际性，而不再考察调解发生地或和解协议的籍属以及当地法院对于和解协议的司法审查。作者进一步分析了《新加坡公约》在我国施行可能遇到的一些问题。我国调解中通常达成的结果包括和解协议、法院调解所产生的调解书、仲裁调解所产生的合意裁决、仲裁调解

[①] 《最高人民法院关于人民法院进一步深化多元化纠纷解决机制改革的意见》，法发〔2016〕14 号。

所产生的仲裁调解书，其中后三种文件可提交法院执行，但上述文件似乎并不属于《新加坡公约》所涵括的范围。此外，《新加坡公约》仅限于商事争议，而我国法律体系中并没有对商事和非商事争议进行严格区分；《新加坡公约》第5条规定的拒绝救济理由包括根据公约该当事方法律，该事项无法以调解解决的情形，但我国法律目前对此尚未有明文规定。作者也关注到我国缺乏完整、统一的调解员守则，与《新加坡公约》相关内容难以对接。作者认为针对虚假调解行为，《新加坡公约》第5条的公共政策理由可以为此提供一定的安全保障。综合以上分析，作者认为我国作为调解大国，在国际调解实践中可以提供丰富的调解经验，在调解案件的管理方面发展出创新性的举措；我国实务中所面临的问题和困境，包括国内与国际实践的不同之处，《新加坡公约》在我国实施所面临的问题等，也为国际调解实务的发展提供了参考。

Kun Fan对我国的司法调解进行了实证研究。[①]作者通过定性研究的方式，对三个不同地区的六所法院的29位法官进行访谈，考察了最高人民法院发布的100个优秀司法调解案例，分析了在法律和政治因素以外其他可能影响司法调解的因素。作者考察了法官主持调解的诸多方面，如法官的级别、升职和嘉奖机会、法院的受案量，法官个人的年龄、职业资质、社会经验和性格，以及个人的认知偏好等，都或多或少影响到法官是否偏向仲裁。法官对于哪类案件适合调解也有出于实务经验的理解，除了争议的性质以外，也考虑到当事人的动机和心理等因素；并且，不同法官对于争议是否适合调解的评价也存在不同。作者还详细考察了调解实务中的细节问题。例如，何时向当事人提出调解，法官在具体操作中采取哪些方法和技巧，如何衡量调解是否成功，当事人能够达成和解的关键因素，以及法官在调解方面受到的专业训练，等等。

通过实证研究，作者总结了司法调解的价值和局限性。作者认为推崇司法调解的价值观点可以总结为以下几种：效率论——认为司法调解可以提高争

[①] Kun Fan, Beyond Law and Politics: An Empirical Study of Judicial Mediation in China (2023) 14(1) Journal of International Dispute Settlement 47–75.

议解决效率，降低诉讼成本，节约司法资源等；结果论——认为司法调解的结果比起诉讼而言更容易为当事人所接受，当事人也更倾向于主动执行和解协议；社会价值论——认为司法调解能够促进社会法律体系的健康发展，推动社会和谐秩序，将现代法律观念与中国传统文化相结合，是社会治理的一部分。但司法调解也存在一定的局限性。例如，其一定程度上削弱了法院在制定法律规范方面的职能；可能损害第三方利益和公共利益；可能存在程序公正方面的问题等，因此一味追求调解率可能会带来一系列的社会问题。由于有限的司法资源和快速增长的诉讼案件之间存在不可调和的矛盾，司法调解作为纾解这一困局的方式不可或缺；然而一些降低司法成本、提高当事人诉诸法律的便利性措施可能会带来政策制定者未曾料到的后果，特别是导致当事人滥用诉讼的情况，而在一些这样的案件，如劳动争议案件中，调解往往难以实施。

作者还考察了法官在司法调解中的定位和作用。作者观察到法官在诉讼和司法调解并行的案件中身兼多职，并且在调解过程中积极参与，承担了诸多职能，甚至包含在和解达成以后协助执行等。值得指出的是，尽管在理论上，很多学者认为法官身兼数职有悖于调解者和裁判者的不同职能分配，存在将在调解中获取的信息用于调解失败后的裁判可能性。但在实务中，法官们通常不认为这是一个问题，这与我国传统社会中长者同时进行调解和裁断的做法有关。但与此同时，法院也在积极探索将司法调解职能从法官的职能中分离的模式，如诉前调解、其他替代性争议解决方式的使用，在诉前阶段将适合调解的案件转给相关的调解机构或调解员，或者法院内部建立类型化调解工作室或综合调解室等；作者认为，这一方式比诉讼程序中的调解更为有效。作者还观察到法官在司法调解中比较注重实体正义，并会受到道德观念、人文情怀和同情心的影响。作者为理解司法调解在我国的运转提供了较为详尽的材料和理论分析，这对理解我国司法和争议解决实践具有重要的参考意义。

九、结语

本文所评述的文献关注了我国仲裁与争议解决事业中近年来新涌现的热门话题，其中包括了仲裁协议有效性、临时仲裁、外国机构在我国仲裁等《仲裁法》改革过程中被理论界和实务界深入探讨的热门话题，也有网络仲裁兴起的背景下信息安全和数据合规和人工智能的使用等前沿问题，还涵盖了调解与仲裁、证券仲裁等话题。这些研究展现了我国仲裁和争议解决领域的飞速发展所带来的话题丰富性和实务的多样化发展程度，在研究方法上结合了传统的理论研究、比较研究和更为创新的量化和实证研究等方式，不仅对法律和文献进行了综述，更通过数据收集和分析、采访、田野调查等方式收集和处理了翔实的一手资料，使中外读者能够进一步了解我国仲裁和争议解决发展。通过对上述文献的评述，笔者希望为进一步的学术研究、实务发展、中外交流提供一些参考。

中国供应链金融争议观察报告（2021—2024）

吕 琦[*]

供应链金融是金融类服务贸易的重要内容，是推动货物与服务贸易产业链快速增长、积极融入国际产业链的重要工具。供应链金融，是指从供应链产业链整体出发，运用金融科技手段，整合物流、资金流、信息流等信息，在真实交易背景下，构建供应链中占主导地位的核心企业与上下游企业一体化的金融供给体系和风险评估体系，提供系统性的金融解决方案，以快速响应产业链上企业的结算、融资、财务管理等综合需求，降低企业成本，提升产业链各方价值。[①] 供应链融资的主要方式是间接债权融资。

供应链金融是以银行业为代表的中国金融业长期关注的战略重点。近二十年来至少出现过三次行业性供应链金融浪潮。第一次是2003年前后由当时的深圳发展银行引领引入的供应链金融。其在当时《担保法》法律框架下，以动产质押为基本模式，开创了具有行业专业性的押品管理融资模式。第二次形成行内性业务潮流，是在2007年《物权法》颁布后。当时民生银行、平安银行本着"走一步看一步"的理念，依据新动产融资制度"摸着石头过河"，推出了从货物到账款的丰富融资产品，覆盖产业链从融资至结算到财富管理

---

[*] 吕琦，北京奋力律师事务所首席顾问。
[①]《中国人民银行、工业和信息化部、司法部、商务部、国资委、市场监管总局、银保监会、外汇局关于规范发展供应链金融支持供应链产业链稳定循环和优化升级的意见》（银发〔2020〕226号）。

等的综合金融需求，带动了中国银行业的活跃供应链金融，其基本模式动态动产担保（主要仍是质押，开始尝试浮动抵押）和应收账款质押模式延续至今的。第三次供应链热潮出现于2021年《民法典》颁布之后，鉴于第二次浪潮中因担保品欺诈而出现的严重安全性问题，本次业务热潮中的商业模式选择与设计更多考虑法律风险控制问题。在融资标的上，仍然是货物与账款融资并存，但在具体法律结构以及货物担保方向上，浮动抵押融资越来越展现出法律机制优势，同时，为交易效率考虑，以货物为基础的仓单、提单等权利凭证融资，成为数字化时代的业务需求热点；在应收账款融资上，除出现保理业的繁荣外，还出现中国首创的以应收账款为支付手段的"云信"类产品大发展的新阶段，其市场份额大有超过传统商业票据之势。

供应链金融旨在为产业链上各参与人的经营周转提供融资，其区别于普通银行授信的最大特点是自偿性，即融资债权的清偿高度依赖于担保品的变现。而动产类担保权较之传统不动产担保的特点，其担保权有效性与优先顺位成为担保权人能否获得担保保护的核心，这也是供应链金融争议的焦点所在。

按其业务模式相适应，供应链金融争议细分为依托核心厂商信用类、货物担保类和账款担保类三类。

一、供应链金融争议特征

供应链金融争议具有不同于传统银行授信争议的特征，主要体现在：

（一）争议焦点集中于优先顺位问题

1. 债权保护，顺位优先比担保有效更重要。 竞存动产担保权的优先顺位往往成为争议焦点，其高度复杂性体现在：一是不能按标的物简单明了查询出公示担保状况，需要从债务人不同财产中先辨识出特定动产，而同一动产的描述方式可能不同，动产同一性的识别难度较大。二是不能以单一公示方式判断动产负担，同一动产可能并存登记类和占有类动产担保，除了需查询中登网，还需要尽职调查了解占有状况，而通过仓库与货运间接占有货物的普遍应用，令查明真实权利人难度加大。三是不能以提供融资在先持续保有担保权顺位，浮动抵押机制和超级优先权机制可能导致在货流变化中，初次设立时间在后的担保权能够随着货流变化获得更靠前的优先顺位。面对法律与操作的难点，银行在掌握优先顺位上能力不足，可能严重影响其能受到的经济保护。

2. 风险暴露，执行程序多于实体诉讼程序。其特点是，**一是**实体民事诉讼胜诉居多。银行业整体上经营规范度较高，完成单一担保权设立难度不大。**二是**执行程序中面临执行异议程序严重威胁。虽然在诉讼环节第三人也有机会参与诉讼，但如果不涉及法律保全，第三人往往难以发现是自己的担保物出现争议。往往要到执行环节，竞存担保权人甚至所有权人才发现争议并提出执行异议。各方参与人都需要有充分的动产法律体系认知和强大的动产监管能力，才能在举证中确保自己的优先顺位。从现有动产诉讼看，银行这方面的防御能力并不理想。① **三是**执行法官成为决定供应链金融债权银行胜负的关键所在。这是多头争议风险暴露在执行环节的必然结果，由此审理执行案件的法官而不是民事实体程序的法官对动产担保制度的理解能力决定了供应链金融争议解决的法治水平。

（二）法律认知能力严重影响商业模式安全

1. 法律风险影响面较广。银行对常规授信业务下担保品的法律风险控制认知较为成熟，发生风险以个案操作风险居多，影响的是个别授信业务的安全。而供应链金融业务的法律认知不足，则往往影响到业务商业模式的设计与选择。例如，当前仍有大量银行对流动质押模式必然因质物清单更替导致质权设立时间不断后推认识不足，不能预判设立在后的浮动抵押可能在担保权优先顺位上后来居上的风险，导致银行在动产融资上商业模式存在一定风险。②

2. 法律实务中认知差异较大。我国的动产担保法律体系自《物权法》颁布以来一直处于不断完善的过程，学习新型法律制度变动并理解商业创新实践，对裁判者提出了巨大的挑战。《全国法院民商事审判工作会议纪要》（以下简称《九民纪要》）颁布后明确对浮动抵押制度采美式浮动抵押模式，《民法典》对动产与账款作为担保物采取了体系性重构，法律实务中在供应链金融的法律认定上出现了分歧。例如，有的对浮动抵押下的担保物要求特定化、

---

① 典型案例例如：（2021）浙04执异21号，（2018）鲁02执异88号，（2019）最高法民再237号。
② 后文典型案例中比利时联合银行清单质押 VS. 中国银行浮动抵押案即为代表。

不支持保理人向基础交易当事人多头追索，要求暗保理由次债务人直接还款等[1]，不符合动产担保法律制度，法律实务观点差异也导致相关争议数量增加。

（三）深受实质穿透司法观点的影响

供应链金融中的融资工具较为多元，不仅是单一的借贷方式，常见的还包括保兑仓、融资租赁和保理。这些案件近年来成为穿透审判实质认定为借贷关系的重点。

1. 虚假贸易下的融资增信倾向认定为借贷担保。保兑仓、厂商银等通过合同约定的供应链上下游合作模式，如果涉及虚假贸易，银行的融资往往被认定为借贷，核心厂商的合作承诺（主要差额退款承诺）往往被认定为担保。由此供应链中的常规经营业务面临核心企业提供担保的有效性审查。

2. 更多非典型担保要求融资融物。近年来，不断有地方高级法院发布典型案例，认定保理业务和融资租赁不仅是单纯的融资行为，还涉及融物（账款），需要对租赁物和应收账款的特定化予以确认和管理，否则将认定为借贷担保。融资租赁或保理融资下的费用收取项目和收取时点，都受到合法性考验。例如，司法实践中存在相关手续费认定为缺乏合法收取基础，有关融资费用被认定为砍头息，不得在融资发放日提前扣除。[2]

二、供应链金融领域近年来主要法律制度变动

2019年底颁布的《九民纪要》、2021年生效的《民法典》和《最高人民法院关于适用〈中华人民共和国民法典〉有关担保制度的解释》（以下简称《担保制度司法解释》）在动产融资制度上发生了重大变化，针对实践中存在上海钢贸、青岛港等一物多押的典型动产担保欺诈事件，不断完善法律制度，从体系化走向功能化，着力构建统一的动产和权利担保制度，明确了担保物权和相关权利之间的效力判断规则。

---

[1] （2023）最高法民申2261号，（2021）沪74民终1266号，（2023）沪74民终2118号，（2020）渝民再160号。

[2] （2021）沪74民终1549号，2022年山东法院商事审判十大案例之名为保理实为借贷案。

（一）基本原则的变化

1. 非融资参与人无查询担保义务。通过《民法典》第404条将正常经营买受人制度从浮动抵押扩展至所有动产担保，意味着负担担保查询义务的人仅限于参与融资担保交易的当事人，免除从事正常贸易经营者查询物上担保负担的义务，降低交易成本保障交易安全。

2. 根据公示时间确定担保物权优先顺位。《民法典》第414条、第415条在《物权法》之后首次明确了竞存担保物权按公示时间先后确定优先顺位，基于统一清晰、具有可预测性的担保物权优先顺位规则，解决了权利竞存是否以登记担保物权优先于非登记担保物权的争议。

3. 功能等同主义令担保物权更具扩展弹性。这在融资租赁和有追索权保理等让与担保，功能上等同的应收账款质押和保理融资都有充分体现。此外，还有明确规定的《民法典》第388条，为其他具体担保功能的合同纳入担保合同，为非典型担保的金融创新留有余地。

（二）各新型具体法律机制的引进

1. 明确采用美式浮动抵押模式。彻底改变了物权法后十余年浮动抵押由于效力不明仅具宣示象征意义而实践鲜少采用的局面，转而成为最高效便捷、最适用于动态出货、融资垄断性最强的法律机制。

2. 移植了价款超级优先权。《担保制度司法解释》将其适用范围进一步推广至融资租赁和所有权保留。囿于制度的新颖性，司法实践尚未见这方面的典型争议。但由于在优先顺位上有"插队"作用，未来有广泛应用空间。

（三）民法典设立保理有名合同专章

1. 在将有追索权保理解构为让与担保的基础上，明定保理人可以向融资人与担保人同时追索，也认可以融资债权、卖出回购权和基本交易债权为请求权基础主张权利，统一了市场和司法对有追索权保理的法律定位。

2. 扩大了可保理的应收账款范围。通过明确金钱之债中的可转让性约定不可对抗第三人，令中国的可保理的适格应收账款比相关保理国际公约更为广泛。

3. 保护了保理人的善意。对基础交易当事人串通欺诈的保理融资，保护了保理人的信赖利益，有利于交易安全。

4. 将无追索权保理合同定性为账款转让，并规定保理人享有账收清收的余额利益。这一规定与银行习惯主动退还余额的做法不同，是《民法典》赋予银行保理商的制度红利。

三、供应链金融典型司法案例

【案例1】无真实买卖关系的保兑仓交易穿透认定为借款，差额退款认定构成保证

【基本案情】

A公司与B公司签订《煤炭买卖合同》，约定A公司向B公司供应煤炭。同日A公司、B公司、中信银行签订《三方协议》，约定B公司从中信银行融资支付货款。同时约定，B公司向中信银行提供保证金，中信银行出具提货通知，A公司根据提货通知为B公司办理发货。B公司未能偿付融资款时A公司承担差额退款责任，并约定A公司退款不以中信银行先向B公司索偿为条件。实际执行时，法院查明A公司、B公司之间没有真实的贸易关系，从中信银行融资回流到B公司。最终B公司有人民币2亿余元本息未能偿还，中信银行诉至法院，要求B公司还款且A公司承担差额退款义务。

【争议焦点】

《三方协议》是否通谋虚伪，其所隐藏的法律关系是否为借贷+保证。

【裁判观点】

保兑仓交易以买卖双方有真实买卖关系为前提，但A公司、B公司之间并不存在真实的货物买卖交易，因此并不存在真实有效的保兑仓法律关系。虽然保兑仓交易无效，但当事人的真实意思表示是被隐藏的借款合同，若不存在其他无效情形，应当有效。差额退款中，A公司应将B公司未还差额部分退还中信银行，实质是A公司向中信银行承担保证责任。关于保证的性质，各方约定中信银行向A公司索偿前不必先向B公司索偿，应为连带保证。各方在三方协议中承诺"签署和履行本协议已获得其最高权力机构的有效批准和充分授权"，A公司关于其法定代表人无权签订具有担保性质的合同的理由不能成立，A公司的保证有效。

【纠纷观察】

本案是对保兑仓交易的通谋虚伪认定。《全国法院民商事审判工作会议纪要》对保兑仓交易的模式进行了界定，并对虚假保兑仓交易的处理规则确定了裁判思路。银行本系向买方提供融资购买卖方货物，卖方差额退款。但各方名义上签订保兑仓合同，但买卖双方没有真实的发货、提货，银行资金最终回流买方，与借贷关系吻合。当事人之间名义上的保兑仓交易是虚假行为，真实法律关系是隐藏的"买方"借贷关系与"卖方"保证关系。本案对担保决议较为宽松。按照民法典及相关司法解释规定，公司对外保证须有内部决议，否则保证合同不发生效力。虚假保兑仓中，双方并未签订保证合同，卖方不提供内部决策。本案中以卖方承诺签订合同已经过授权，没有对银行苛待审查要求，不必要求银行确保保证人已经担保内部决议审查。本案是最高人民法院公报案例，对于统一穿透式审判的其他涉借贷、担保类案件具有指导意义。①

【案例2】浮动抵押与流动质押的权利竞存

——中国银行股份有限公司烟台分行与比利时联合银行股份有限公司上海分行案外人执行异议之诉②（上海2020年的十大金融案例）

【基本案情】

2011年11月，比利时联合银行股份有限公司上海分行（以下简称比行）为A公司做4000万美元的供应链融资，以质押模式签订《仓储物及仓单质押协议》，请第三人提供担保物监管服务。2014年12月，借款人和监款人共同向比行出具《每日库存报表》，明确质物的具体内容。2014年底，因借款人到期未履行债务，比行保全了位于借款人厂区内的质押物。2015年，该银行对上述查封物变更查封（移库）。经二审判决比行可就《每日库存报表》确定的财产享有优先权。2015年12月8日，比行向上海一中院申请执行。

---

① 最高人民法院（2019）最高法民终870号，最高人民法院2021年第8期公报案例。

② 上海市高级人民法院（2017）沪民终288号，2020年7月31日裁判。2022年12月裁定再审，最高人民法院（2021）最高法民申3749号。

中国银行股份有限公司烟台分行（以下简称中行）于2011年12月与该公司签订《最高额动产抵押合同》，并于12月19日办理动产抵押登记。2014年7月7日，中行与该公司再次签订《最高额动产抵押合同》并于2014年7月10日在工商局办理动产抵押登记，以债务人现有及将有的存货作为抵押财产。后中行向烟台中院起诉A公司并轮候查封了系争财产。2016年，烟台中院判决中行就系争财产优先受偿，并认定上海一中院在相关案件中的查封时间为2015年5月27日。

双方一致确认系争财产现仍存放于其仓库内；比行主张其质权成立于2014年12月23日；中行主张其抵押物的特定化日期为其向烟台中院起诉之日，各方当事人对此均无异议。

2016年12月6日，中行向上海一中院起诉，请求确认中行对上海一中院查封的债务人公司名下的财产变价款优先于比行受偿。

【争议焦点】

谁对查封动产的优先权顺位在前？

【裁判观点】

动产浮动抵押制度允许抵押人为生产经营的需要而自由处分抵押物，由此在抵押权设定和抵押财产特定化两个时点抵押物往往并不会相同。登记是动产浮动抵押的对抗要件而非设立要件，浮动抵押自签订抵押合同时设立，在抵押物经登记公示后，具备对抗第三人的效力。而质权是自动产交付质权人时设立，这一认定标准在流动质押中同样适用。与第三方签订监管协议进行监管，只是作为判断是否实现间接交付的其中一环，不能证明质物已经完成交付，也就不产生质权设立的效果。而关于浮动抵押权与质权的效力冲突问题，应按照两者设立并公示的先后顺序确定受偿顺位。

【裁判结果】

中行对一审法院查封的融资人财产优先于比行。上海高院用以确定保护顺位比较的时间点是：比行最后一次获得质押清单的时间与中行抵押登记的时间，而不是比行质押和中行确定担保物的时点。

【纠纷观察】

浮动抵押一次登记便可一劳永逸占住优先权的时间，而质押会随着每一次清单的更换而不断推迟优先权的设立时间,当在流动的最后一批货物上比较优先权顺位时,质押必然会劣后。本案中比列时联合银行率先签了质押合同、找了第三人监管多年来一直尽责地持续取得质押清单确定并占有质物、发现风险后及时保全押品却在优先权的顺位上劣后,错误就在于对中国动产浮动抵押模式缺乏法律认知,导致在商业模式上选择错误。

本案系一起浮动抵押与浮动质押竞存时如何确定受偿顺位的典型案件。本案判决明确:1. 浮动抵押权自抵押合同生效时设立,自登记时具有对抗效力,无须考虑财产结晶,只是抵押财产可强制执行的范围自保全之时确定。2. 动产浮动质押中,质权自出质人交付质押财产时设立。债权人、出质人与监管人订立第三方监管协议并非质权设立方式。质物可以向质权人直接交付,也可以委托监管人依第三方监管协议间接交付,但债务人或第三人与债权人仅有设立质押的意思表示,虽形成合意,而未移交质物的,则质权不能设立。3. 认定完成登记的浮动抵押与质押的优先受偿顺位时,应当按照登记(或完成质物的转移占有等其他物权公示方式)在先原则确定。本案虽生效于《民法典》颁布之前,但与最高人民法院有关担保的最新法律适用意见相符,依法正确把握了浮动抵押与浮动质押竞存受偿顺位规则,保护了当事人权益,有利于维护担保体系的安定性,具有较强的示范价值。

【案例3】有追索权保理案中的通谋虚伪认定——上海金融法院2022年十大典型案例[①]

【基本案情】

2016年江铜保理公司与顿展公司签订有追索权保理合同,账款为顿展公司与长展公司某合同编号下《购销合同》与《补充协议》下账款2.7亿元,预计到期日为2017年8月,保理融资款2.5亿元。长展公司出具《回执》确认账款真实性且未偿付。江铜保理公司放款后要求回购时,顿展公司未回购,遂起诉顿展公司与长展公司。

---

① 上海金融法院(2019)沪74民初533号。

上海公安机关问讯了保理人分管风控的副总经理与资金经理，由于顿展公司与长展公司合同是"带款提货"，钱货两清没有账款，所以副总经理安排资金经理重新草拟了有账期的合同，业务数据按顿展公司提供的发票和提货单金额、数量填补。

【案件焦点】

1. 系争法律关系性质与效力；
2. 顿展公司和长展公司是否承担付款责任。

【裁判观点】

1. 融资是否为"保理"的业务定性。

由于有追索权保理关系缺乏真实有效的应收账款，且江铜保理公司与顿展公司、长展公司三方均明知案涉应收账款系虚构，保理关系无效，实为江铜保理公司与顿展公司之间的借款关系。该关系意思表示真实且没有无效事由，借款法律关系认定有效。

2. 融资下几项费用的业务定性。

（1）本案不构成保理法律关系，借款关系下江铜保理公司向顿展公司收取、抵扣保证金亦缺乏法律依据；应以实际发放的款项250,000,000元为本金。

（2）江铜保理公司主张的保理回购款中除去本金的部分以及自2017年8月9日起的违约金，性质上相当于借款合同项下的利息及逾期利息，但其可主张的逾期利息不应超过法定保护上限。

3. 次债务人是否担保的业务定性。

首先，不存在账款。其次，从长展公司出具的回执看，其只是承诺了并不存在的账款的支付方式，并无承诺还款义务。最后，借款风险是因为保理人明知应收账款不存在仍发款，不存在对长展公司承诺的信赖。所以长展公司的行为与本案借款风险没有因果关系。

【法院判决】

1. 顿展公司偿还本金2.5亿元以及24%的逾期利息；2. 顿展公司支付江钢保理律师费20万元；3. 驳回对长展公司主张。

【纠纷观察】

本案旨在说明按《民法典》第763条规定，保理人明知为假账款仍提供融资不能按保理认定法律关系，也即参与了通谋虚假，则按其表面法律关系认定其为隐藏的借贷关系法律关系，担保权因为应收账款不存在而未设立。但本案论证逻辑有待进一步推敲，其迳行将保理人员工与相对人的恶意串通直接认定为保理公司的虚假意思表示，与《最高人民法院关于适用〈中华人民共和国民法典〉合同编通则若干问题的解释》第23条的规定不符。该条规定："法定代表人、负责人或者代理人与相对人恶意串通，以法人、非法人组织的名义订立合同，损害法人、非法人组织的合法权益，法人、非法人组织主张不承担民事责任的，人民法院应予支持。"只有证明该员工的造假行为是保理公司的真实意思，即保理公司的有权决策层明知是假账款仍与另两方当事人串通作假，才能认定为是保理公司参与通谋虚造。这至少需要四个要素：（1）保理人内部形成了真实意思；（2）保理人对外表示了该等意思；（3）保理人的内部意思与对外表示的意思不一致；（4）保理人明知且故意做出这种不一致。但本案中上海公安只查明最高级别为分管风控的副总对假账款知情，分管副总不是法定代表人，不能简单地认定分管副总经理的真贷款假保理的意思即为公司意思；更不能认定保理人明知其表示意思非真实意思。从公安机构查明的情况看，也很可能是分管副总经理欺骗了公司的业务决策机构，令他人陷入认识错误认为账款存在才决定做业务，在公司意志层面不是知假而保理，而是不知假才保理。法院没有查明保理公司业务决策程序（也就公司的意思形成程序），直接认定保理公司的知假做假，不仅在个案上有失妥当，而且因为其推为典型案例，对员工操作风险多发的金融业而言，可能产生行业性风险。笔者认为应该按该条的第二句裁判，即"法人、非法人组织请求法定代表人、负责人或者代理人与相对人对因此受到的损失承担连带责任的，人民法院应予支持"，即在保理公司不明知副总经理超权限认可虚构应收账款作为担保物的情况下，可以要求相对人承担损失赔偿责任，即担保物不存在的保理款损失。

【案例4】铁路提单的物权凭证价值——2022年最高法院第三批涉"一带一路"建设典型案例[①]

【基本案情】

1. 海外交易情况。2019年2月28日，中外运、E公司、某物流金融公司三方签订《铁路提单汽车合作协议》（以下简称《协议》），由中外运运输、保管汽车两辆。约定铁路提单为提货唯一凭证。进口货物贸易术语为EXW，货交中外运后，由其交给E公司。

2. 铁路提单情况。中外运境外接货后于2019年5月10日开具铁路提单编号为6043，正、副本各三份，由物流金融公司监制。载明：托运人为IMSA公司，指示人为物流金融公司，通知人为E公司，交付地为重庆某站，码头为M/N，货物描述为S4504MATIC并标明VIN码等要素。

3. 货运单情况。E公司向中外运出具002货运委托单，载明委托人、收货人和通知人，贸易国、装货港等事项。

4. 转售情况。2019年6月24日，E公司与F公司签订《IMSA车辆销售合同》，载明购买两辆S450L轿车并注明车架号，总价人民币2,269,600元，单台定金15万元，定金到账合同生效，合同盖章后3个工作日付全款。F公司订单审核且支付定金后，E公司将铁路提单交付F公司，由F公司向中外运提货，尾款在F公司提车后对外销售前付清。约定铁路提单交付视为车辆交付，并交付铁路提单于F公司。

5. 持单人行权情况。F公司从E公司取得该铁路提单，盖有IMSAGMBH和重庆物流金融的印章。2019年6月26日，向中外运提示提单要求提货被拒。注明"收到提货复印件""收到提货证明原件"。E公司欠中外运运费8.78万元。F公司主张享有6043号国际铁路联运提单项下的车辆所有权；判令中外运向F公司交付案涉车辆。

6. 被告中外运抗辩：（1）其对F公司没有交付义务。《协议》约定铁路提单为货物唯一凭证，是指E公司不能以托运人身份提货，只能凭铁路提单提货。

[①] 重庆孚骐汽车销售有限公司诉重庆中外运物流有限公司等物权纠纷案，(2019)渝0192民初10868号。

F公司非协议约定的交货对象E公司，且E公司未背书给F也未明确向F公司交货指示。（2）两车已运达约定目的地，中外运的主义务已履行完毕，E公司有待付货运代理费，故中外运行使留置权。

【争议焦点】

1. F持有提单是否有权提取车辆？
2. 提单背书是否符合向F交付车辆的条件？
3. 中外运可否行使留置权？

【裁判观点】

1. 焦点一：持铁路提单F公司是否有权提车。

A. 案涉提单系约定使用。中外运、E公司和物流金融公司约定，提示提单为交付货物条件，明确铁路提单与提货请求权对应关系，E不得以委托人身份要求放货，表明三方凭单放货而不能凭身份提货。

B. 协议与铁路提单表明了提单的可转让性。约定货运代理人向铁路提单持有人交付货物，说明并不限于合同相对方。铁路提单载明接受提单者接受提单规定与免责事项。提单转让意味允许提货请求权转让。

C. 提单载明正本提单可提取货物。E公司系进口车所有权人，有权处分车辆。在铁路提单承诺向不特定提单持有人交付货物的基础上，E公司、F公司约定交付铁路提单视为车辆交付，符合《物权法》第26条关于指示交付的规定。案涉车转让前，由中外运占有；中外运通过将案涉车辆交付实际承运人并接收实际承运人签发的运单实际对车的管控，具有管领力，即占有案涉车。

D. E公司对中外运有返还原物的权利。E公司将其对中外运公司享有的返还原物权转让给F公司。这由买卖合同所约定。E公司向F公司交付铁路提单即转让提货请求权。

货运中，货物的权利主体与占有主体分离，各方当事人通过约定使用或受让铁路提单的方式确认特殊交付规则：返还原物请求权与铁路提单对应，承运人签发铁路提单并以此为据以交付货物单据的承诺，持单人背书或交付提单的行为视为转让其享有的返还原物请求权。本案中，F公司受领铁路提单，享有其下提货请求权，视为完成车辆交付。E/F以买卖合同转移车辆所有权，因此F公司有权要求确认对案涉车的所有权。

2. 焦点二：铁路提单是否符合向F公司交付车辆的条件。

（1）协议与铁路提单不禁止权利转让。（2）物权法关于指示交付的规定，表明铁路提单交付与车辆交付有对应性。且案涉提单载明接受本提单者接受并同意本提单及背面所载规定和免责两件。F公司以交付提单视为交付车辆的方式，表明其接受提单条款。因此，F公司提取货物，应遵守铁路提单内容。（3）铁路提单载明"提取货物应交出经背书的正本提单"。在法律规定、合同无明确约定的情况下，需探求当事人真实意思。中外运应明白记载的任单放货的意思。中外运在提单上签章，表明为该提单的缮制者，制单时表明一份正本，现F公司提交了经指示人背书的正本。各方已通过行为表明了真实意思，即铁路提单凭物流金融公司指示，指示人现已背书，并交提单至E公司，E公司基于买卖背书给F公司，背书与交付行为足以说明二者转让铁路提单对应的提货请求权。背书与记载要求没有明显不符，能反映各方真实意思，不得拒付货物。

3. 焦点三：中外运可否行使留置权。

合同法规定的法定留置权行使的前提是不付费。中外运虽然证明运费已对账并开具发票，但并未就支付条件变更。由于所涉车辆未完成交接，故运费支付条件未成就。而仓储费为月结，付费的前提是完成发票开具和月结。中外运未举证证明各方完成仓储费核对和发票开具。故，承运人可以行使留置权，但前提是债务履行期限届满或履行条件成就，目前运费、仓储费支付条件未成就，不得行使留置权。

【判决】

F公司因取得铁路提单而取得货物所有权，F公司有权凭单提货，中外运行使留置权的条件尚未成就。

【争议观察】

本案旨在确立铁路提单的物权凭证地位，从这个意义上说，其将铁路提单区分于货运单使其具有证券化作用，具有典型意义。但其论理路径上却跌入了货物交付与证券交付混乱，与其立为典型案例的意旨南辕北辙。指示交付，是在未签发铁路提单的情况下由第三方直接占有动产（作为占有辅助人）时的动产转让方式；而一旦签发提单，原始的托运人或最初的记名持单人就无权再指示承运人（直接占有人）。只有未开具提单，才有谈动产指示交付而转移所有权的可能，如果开具提单，就得按提单的权属流转规则，看单据是否背书以及交付来判断。从根本上说，动产转让和证券转让是导致货权移转的两种不同的路径，不能并存。

（1）如果发货人未要求承运人签发提单，发货人以指示交付的方式要求承运人将货物交付买受人，通知送达承运人时货物已交付承运人。（2）如果货物所有人已要求承运人签发提单，且认同铁路提单是物权凭证，则货物锁定在提单中，货物托运人因要求签发提单已失去了再指示承运人的权利。此时，铁路提单应遵从证券转让的规则，一旦签发只有合法持有人可以向运输人提出主张，其他曾经在先参与交易甚至在证券上记载过的人都因为不再是持单人而不再有对运输人的指示权，更不要说在签出提单后还能通过指示交付方式实现动产交付。

【案例5】未来应收账款的概括性与确定性矛盾——建设银行概括应收账款质押认定无效案[①]

【基本案情】

2016年11月22日，建行深圳分行与深圳索菱公司签订贷款合同和质押合同，质押物是索菱公司对立信德、绿野、众泰三家汽车公司的应收账款，并办理了质押登记。建行深圳分行向索菱公司发放贷款960万元。出现违约后，建行深圳分行主张对应收账款行使质权。

【争议焦点】

应收账款质权是否有效设立？

【裁判观点】

虽然案涉《应收账款质押合同》合法有效并依法进行了质押登记，但是：

（1）设立时未特定化。质押登记中关于质押应收账款的描述为"甲方将对深圳市立信德商贸有限公司、浙江绿野汽车有限公司、众泰能源汽车有限公司销售产生的应收账款质押给乙方"，该描述仅笼统罗列了对三家公司的应

---

① （2020）粤03民终24624号。

收账款，未列明具体的销售合同，无法确定应收账款各组成部分具体对应的公司、背后的基础法律关系及该关系形成的时间，以及应收账款的金额和还款期限等信息，既没有以合同为基础的法律关系，也没有特定的应付债务对象。法院根据该种合同约定和登记内容，无法确认相关权利确实存续或具有合理期待性，该应收账款质押因缺少明确具体的质押标的物而不能成立。

（2）诉讼时未特定化。即使该登记因为对未来可能发生的应收账款进行了登记，属于概括式登记，是各方当事人真实意思表示，登记时质押是否设立存在争议，但至本案诉讼时也应特定化方可支持，因为判决应具有确定性和可执行性。

（3）应收账款质押未通知债务人。本案更无证据证明双方当事人就应收账款质押事宜通知了次债务人，笼统判令债权人就债务人对次债务人的应收账款享有优先受偿权，可能影响次债务人的抗辩。

【争议观察】

1. 应收账款融资是否需要在设立担保权时具备担保物的特定化在司法实践中争议较大。（2017）皖民终70号判决认为：质押物为万好置业公司万家银座广场在2012年7月25日至2018年6月24日产生的经营收入。上诉人认为本案《最高额质押合同》签订时质押的应收账款数额不具体、义务人不明确，长融国银公司对租金的质权依法没有设立。本院认为，质押的应收账款既可以是已经发生、数额确定的账款，也可以是将来发生、在订立质押合同时数额尚不明确的账款。如果事后根据客观情况可以确定质押的应收账款，则应当根据事后确定的应收账款作为质押财产。

2. 应收账款关于"诉讼时的特定化"的认定。笔者认为应收账款的特定化并不在于用于质押的账款的笔数是否特定，如果既存的账款笔数多，不用列举式而用概括式，如用"一年内账款来担保"这样的语句描述并不妨碍账款的明确可识别，也并不妨碍其他第三人的权利安全。应收账款质押的起止时间范围也与应收账款的特定化无关，它影响的只是担保物的价值大小，不是担保物的确定与否。在诉讼时点，特定时间范围内应收账款内容是否已经确定才是认定担保物特定化的根本依据。

3. 笔者认为，概括式账款在行使质权时是可确定的即可。商业的需求是使用概括式的语言描述，把质物一网打尽，获取尽可能高的融资额度。从促进融资的角度讲，只要概括之下的具体账款可以查明，它在政策上更值得支持。在实操中，就查询应收账款在先担保情况，只有两个渠道，即担保编号和担保人。任何一个想用账款的融资人只要查询担保人就能看到在先登记情况，如果在先概括性账款说明了账款的次债务人，要了解在先担保情况并不困难。只要在实现质权时，是可以查明的具体账款，质押时有没有列明合同金额、支付方式都只是担保品的价值问题，与担保的效力无关。

四、供应链金融争议解决中的热点问题

（一）仓单与货物的冲突
——青岛港事件中永泓公司系列仓单案暴露出的法律问题

2014年青岛港铝锭欺诈事件爆发至今十年，数以百亿的银行授信已被核销，但欺诈事件下仓单与货物之间的法律规则迄今尚未厘清。特别值得思考的是在青岛港事件中有一家多次涉诉的上海永泓仓储物流公司，其参与仓单融资的方式实际是英国法下的惯常方式，有的还被近期联合国贸法会的《仓单示范法》认可采用，但在国内法律构架下却很难确认其法律效力，这一问题至今既未得到重视更未得以解决，制约着港口进出口货物的仓单融资问题。

主要体现在：一是谁有资格签发仓单。永泓公司通过转委托令第三人占有货物，但直接以自己名义签发仓单，其签发仓单的有效性能否得到认同。二是谁可以要求签发仓单。永泓公司不是先向原始存货人签发仓单，再由其背书转让给质权银行，而是以质押银行为存货人，直接向质押银行开具仓单，这种做法是否有效。三是什么时点是仓单下动产所有权转移的时点，是仓储人向持单人交付动产的时点，还是仓单交付的时点。[①] 四是无记名仓单在我国能否认同法律效力。由于我国没有仓单法，关于仓单的法律规则非常少，只有《民法典》合同编中仓储合同的部分条款、权利质押的个别条款和《担保制度司法解释》中部分条款，对于解决仓单法律问题在法律制度供应上存在明显不足。

---

① （2016）鲁02执异字第85号。

（二）应收账款债权凭证的法律定位问题
——中企云链的云信是准票据转让还是账款转让

自中车集团发行"中企云链"这一支付工具以来，以绑定核心厂商信用为特性的应收账款转让在大型央企大行其道，市场上已有数百家各类冠以"信""链"的同类产品。该类产品混合了商业票据贴现和应收账款转让的特性，模仿票据法定债权凭证特征，以约定方式排除基于基础交易的抗辩权，达成了一套类似票据无因性的债权流转规则。其区别于票据的最大不同在于其作为债权的转让，对前手没有追索权，从而更便利于应收账款移出资产负债表。

但约定账款流转无因性缺乏票据无因性的法定保障，其流转定位是作为权利凭证转让还是作为应收账款转让，将导致流转过程中的效力明显不同，需要系统考虑其法律定位。主要涉及如下几点：

一是法律定性与债权转让方式问题。如果"云信"定位为记名权利凭证，则需背书转让，如果定位为应收账款，则账款转让经买卖双方协商一致即可，转让效力约束次债务人尚需对其通知。最高人民法院曾讨论将其定位为应收账款转让，将系统发出的转让凭证视为自动通知"云信"签发人。**二是约定无因性与线上线下债权多重转让问题。**如果"云信"为债权凭证，且能认可约定无因性有效，则"云信"债权凭证签发人不因线下另有转让而免除义务。但如果"云信"转让是应收账款转让，则"云信"签发人需要识别向谁履行义务。按照债权转让规则，应该是签发人先收到谁的通知即向谁履行，未必一定保证线上的通知。**三是约定文义性与善意持单人的问题。**如果"云信"确属证券化，则云信记载即便有错误，如金额误由100万元写成1000万元，则善意持单人仍可向证券债务人主张1000万元。如果"云信"是应收账款，则出让人不能向他人转让比其自身更大的权利，盖章持单人的收款权则无法保障。

"云信"在流转上尚未出现关于其法律性质问题的典型纠纷，个别法院只是简单否定"云信"类产品并非票据不适用票据法，却并未认定其实质是什么。随着"云信"类产品市场份额的扩大，可能出现核心厂商无力支付或持单人多头转让等问题必然拷问其法律定性。早日明确其定位，规范其配套规则有利于其健康发展。

（三）不同"无追索权保理"收费的请求权基础

《民法典》第 767 条规定无追保理模式，本质为应收账款买断，由此规定超过融资本息的回款归属保理人。市场上，这种业务模式主要是保理商在开展，银行类保理人是以获取融资息费与坏账担保费用为主要商业模式，超过融资息费的回款约定归属融资人。前一种模式可以称为"投资型无追索权保理"，第二种模式可称为"担保型无追索权保理"，《民法典》似乎忽略了担保型无追保理的存在，混淆了不同定性的无追保理业务在具体收费上的法律基础：

1.基础法律关系不同。以银行为代表的担保型无追索权保理，其目的不在于获取应收账款溢价，而在于获取金融服务费。其基础定位是坏账担保，是一种担保服务，类似于银行保函，其盈利点在于服务费，银行不保有应收账款的溢价余额，而投资型无追保理以买卖债权为基础法律关系。

2.融资款的性质不同。在账款到期前客户需要提前使用部分款项时，担保型无追保理业务提供融资不是作为债权转让对价，是保理人坏账担保义务的部分提前履行，也就是预付款融资（Prepayment），因此才可能收取利息。而对投资型无追保理而言，客户用款是其受让账款应付对价的分期支付，没有理由收取利息。

3.保理商收取保理费的法律基础不同。在投资型无追索权保理模式中，账款一旦买入，保理人需做尽职调查、售后托收、账款管理，都是为自身利益服务，没有理由再另行收取保理费。担保型无追保理中，因账款余额返还，其受益人是账款出让人，保理商提供发票处理、坏账担保、账款管理甚至账款清收等综合服务理所应当收取费用，也是国际惯例。

4.资本约束不同。银监部门在对业务的资本计提上，对无追保理是按 20% 的风险权重计提，与保函业务相同。如果是作为账款的真实转让，则资本计提将是 100%。这是银行系的无追保理业务只收费不保留溢价余额的原因，在账款资质上，担保型保理只会做未到期的商业账款。而投资型无追保理没有资本的监管约束，将该业务完全视为债权投资，其受让对象可能是已经到期的不良账款。

5.坏账担保的法律定性不同。银行担保型无追保理在坏账担保功能上，是银行应债权人要求提供的一种债务担保服务，作用与银行保函类似。保理银行担保的主债务是基础贸易下债务人的欠款，其特点在于银行提供坏账担保是基于保理融资人的反担保：将应收账款以让与担保的方式转让给银行保理人，如从应收账款债务人处收款数额超出应收账款本额的则余额归还债权人，如收款不足则银行只能追索次债务人。该种"担保+反担保"的法律结构必然后果是银行保理人承担约定的坏账担保责任，在清收账款产生溢价时返还账款人。而《民法典》第767条默认无追保理人保有账款溢价，就需要按应收账款转让的法律结构体系解释其中保理人的收费问题。对这两类账款担保法律关系的理解错误，会导致法院裁判的错位。例如，认同银行类无追保理保留账款余额，认定投资型无追保理可另行收取融资利息、坏账担保费等，造成法律认识的混乱，对账款债权人也不公平，不符合无追保理的业务本质。

（四）涉及电子化权利凭证的融资担保问题

当前无论是电子提单还是电子仓单都正在成为新兴的市场热点和法律热点。联合国通过了MLETR（《电子可转让记录示范法》），我国也在联合国提议将各类新兴货运单据一并权利凭证化，并通过电子化需求。这将担保公示方式与电子介质相结合，将产生新的法律问题，主要有：**一是电子化权利凭证质押的公示方式问题**。例如，电子提单、电子仓单，按民法典的规定，有权利凭证的以交付占有为公示方式，没有权利凭证的，以登记为公示方式。而电子形式有无权利凭证，在于当事人自定义。在当事人没有公示其有无权利凭证界定的情况下，可能出现以不同的公示方式多头融资的问题。此时，是按《担保制度司法解释》第61条的权利竞存规则还是按无权处分规则处理，值得进一步研究。**二是半电子化权利凭证介质转化的可行性问题**。在涉及跨国交易时，由于国家间数据安全的原因，全程电子数据的权利凭证难以广泛实现，必然要面对传统纸质与电子介质相互转化的商业需求。此时，已发生背书记载的权利凭证是否还能实现介质转换（因为需要签发人和背书人的同时配合），是需要回答的一个法律问题。已有争议显现出的解决方案是当事人仅将电子凭证打印出来作为纸质凭证下的介质转化，显然不能达到不因介质转换而减少或改变原始信息记载的要求。**三是电子权利的中登网质押登记是否是值得推广的商事模式**。我国自中登网统一担保登记之后，电子仓单质押也纳入了可登记公示之列。但是中登网的登记仅发生在质押环节，没有所有权登记，仅有公示作用，没有控制作用，这令其明显不同于其他权利质押（如股票与股权）登记的效力。这种没有所有权登记，只有质押登记的公示方式能否满足权利凭证商业流转需求，不无疑问。而按照质权移转规则参照与所有权移转规则的原则，如果权利凭证的所有权流转是以交付控制而实现，在法律上能否直接认可质押环节不采用交付控制公示，而换作登记公示，是否能保障法律逻辑的统一性，也有待进一步研究。

五、展望

依托贸易尤其是国际贸易的供应链金融，在近年来再度迎来了大发展机遇。当前正是一个迫切需要解决供应链金融法律规则的确定性、国际化和前瞻性的历史时点。

一方面，国际上出现以电子化和权利凭证化为热点的示范立法。联合国贸法会（UNTRAL）57届会议基本审议通过了《仓单示范法》，而之前的《电子可转让凭证示范法》和正在研讨中的《货运可转让权利凭证示范法》，包括国际贸易与福费廷协会（ITFA）近期颁布的《与2023年电子贸易单据法相关的数字化可转让凭证指引》都把关注焦点放在了电子化可转让权利凭证问题上。中国正在这一新兴的体系化的规领域谋求话语权，以规范与保护参与的国际贸易安全。

另一方面，国内动产融资制度中的制度完善仍需加强。在《民法典》改造了整体动产融资制度的框架之后，其中具体制度之间的冲突问题仍需研究与建设。例如，竞存担保与无权处分之间的区别与联系问题，动产与权利凭证融资之间的关系问题；一些新法律机制在应用中的法律效力问题，如浮动抵押是否必然导致包户融资，超级优先级到底能在多大程度上促进贸易安全，都需要在典型案例的场景下构建答案。

在商事争议中发现法律问题，在争议解决中推动商业发展，是供应链金融法治建设的必由之路。

投资转让对投资者求偿权实现的影响及出路

张 鑫[*]

- 摘 要

　　投资者在受东道国措施影响后,往往会选择出让投资,并与受让投资的继受投资者对求偿权的行使进行安排。求偿权无论是由原始投资者保留还是由继受投资者持有,在行使时都会面对管辖权障碍。原始投资者的管辖权困境源于实践中对确定国籍、投资存在的关键日期存在分歧;继受投资者则受限于难以逾越的属时管辖障碍。相较于诸如政治风险保险以及第三方资助的主流救济方式,投资与求偿权规划更具成本优势,在全球化进程疲软以及东道国规制权回归的当下,投资转让与求偿权规划对于受损的投资者有着巨大的经济价值,对释放资产价值、促进资本流动有着积极意义。对此,应厘清相关管辖规则,明确以违约之日为判断管辖权是否存在的关键日,并且允许继受投资者以原始投资者的名义提起仲裁,从而确保投资者求偿权的实现。

- 关键词

　　投资仲裁　投资转让　求偿权　管辖权

---

[*] 张鑫,武汉大学国际经济法硕士研究生,日内瓦大学国际法与欧洲法硕士研究生。

Abstract: After being affected by the measures of the host state, a foreign investor may sell the investment and dispose of the treaty claim. Regardless of the ultimate ascription of the claim, the claimant may confront with multiple jurisdictional barriers. The jurisdiction hurdle for the assignor-investor stems from the divergence of the critical date to decide the nationality and existence of the investment, while the assignee investor is trapped by the insurmountable *ratione temporis*. Compared with the main remedies such as political risk insurance and third-party funding, the investment and treaty claim trade is more cost-effective. Against the backdrop of deglobalization and enhancing the right to regulate, the economic value of the transaction for releasing assets and liberating capital flows shall not be ignored. Therefore, for promoting the realization of treaty claim, it is advisable to apply the date of breach as the critical date to determine jurisdiction, and allow assignee investor to initiate arbitration in the name of the original investor.

Key Words: investment arbitration, investment assignment, treaty claim, jurisdiction

一、引言

外国投资者转让其在东道国设立的投资是相当常见的商业行为，除非其所依据的投资合同和国际投资协定（International Investment Agreement，IIA）明确禁止。[1] 投资法判例所展现的转让动机十分多元，转让一方面可以是基于纯粹的运营目的[2] 而做出的投资安排；另一方面，也可以是投资者在预见东道

---

[1] Raphael Ren And Soh Lip Shan, "How to Identify Insiders and Intruders Disguising as Investors in The Assignment of Investments?" 71 *International and Comparative Law Quarterly*, 366（2022）.

[2] Tidewater Inc., Tidewater Investment SRL, Tidewater Caribe, C.A., et al. v. The Bolivarian Republic of Venezuela, ICSID Case No. ARB/10/5, Decision on Jurisdiction, 8 February 2013, para.194; Conoco Philips Petrozuata et al v. Venezuela, ICSID Case No ARB/07/30, Decision on Jurisdiction, para.280.

国将采取不利措施①或已与东道国陷入争端时,②进行风险规避、损失控制的套现手段。争端意味着投资者可通过对东道国展开司法程序进行求偿。若转让发生在争端出现后,投资转让的交易可能涉及对求偿权行使的安排。但求偿权的实现则可能因争端发生时间、投资所有权变更、投资者国籍变更等问题导致仲裁庭拒绝行使管辖。实务与理论中均较明确的是,若投资者存在通过插入控制链条进行恶意国籍规划以获取仲裁机会等滥用权利的行为,仲裁庭通常会以滥用权利以及违反善意原则为由明确驳回请求。③但即便不存在任何恶意行为,求偿权的实现仍会受到投资转让的影响,其本质是仲裁庭判断管辖权存在的时间节点不同,因此,明确评估管辖存在的关键时点,合理安排求偿权的行使,才能保障投资者权利实现,维护其正当权益。

二、争端发生后的投资转让

投资转让可发生在整个投资周期,并非所有的投资转让都会产生求偿权分配的问题。例如,在原始投资与东道国尚不存在争端时,投资业已转让,争端发生在继受投资者持有该投资后,则该求偿权自然归属于继受投资者;又如,在争端后原始投资者已启动仲裁程序,囿于管辖恒定,嗣后的任何转让也不会导致求偿权归属的变更。而对投资本身而言,若该投资由东道国国民控制,并在转让前遭东道国侵害,即便该投资受让给外国投资者,也不产生任何求偿权。

(一)投资转让的两个关键时间点

在投资者—国家争端解决(investor-state dispute resolution,ISDS)的案例

---

① Philip Morris Asia Limited v. The Commonwealth of Australia, PCA Case No. 2012-12, Procedural Order No.8 14 April 2014, para.40.

② Westmoreland Mining Holdings, LLC v. Government of Canada, ICSID Case No. UNCT/20/3, Award, 31 January 2022, para.86.

③ William Lawton Kirtley, "The Transfer of Treaty Claims and Treaty-Shopping in Investor-State Disputes" 10 *The Journal of World Investment & Trade*, 437(2009); Ulf Linderfalk, "Philip Morris Asia Ltd. v. Australia – Abuse of Rights in Investor-State Arbitration", 86 *Nordic Journal of International Law*, 408(2017); Jorun Baumgartner, "The Significance of the Notion of Dispute and Its Foreseeability in an Investment Claim Involving a Corporate Restructuring", 18 *World Investment &Trade*, 201(2017).

中，一些关键时间节点对管辖的确立有着重要影响，诸如IIA的生效时间，投资设立时间，所称违约时间，争端发生时间，程序开始时间①等。

本文仅涉及在争端发生与程序开始这两个时点间进行的投资转让。第一个关键时点是争端发生时间。根据《解决国家与他国国民之间投资争端公约》（Convention on the Settlement of Investment Disputes Between States and Nationals of Other States，ICSID公约）第25条，法律争端是行使管辖权的前提之一②，其存在代表着东道国违反IIA项下的义务，由此产生投资者根据IIA主张损失的求偿权，而该权利是投资转让后原始投资者和继受投资者对求偿权进行分配的前提，若转让时不存在求偿权，转让后也自然无仲裁权利归属的问题。

第二关键时点则是程序开始时间。根据生效期限规则（dies a quo rule），在程序开始后，任何嗣后事件均不影响仲裁庭管辖③，如CSOB诉斯洛伐克案（以下简称CSOB案）中，CSOB在启动仲裁程序后进行了投资转让，仲裁庭认为，"判断申请人是否有权提起仲裁的时间，是程序开始的时间，其转让不对仲裁庭的管辖构成影响"④。也即若转让发生在程序肇始后，求偿权仍归属于提起仲裁的原始投资者，转让不会对管辖造成额外影响。

因此，仅有发生在争端发生后、仲裁程序开始前这两个时点间的投资转让可能存在求偿权归属的约定，继而引发求偿权行使遭遇管辖障碍的问题。

（二）目标投资须为适格投资

在转让前，投资必须满足ICSID公约以及所据IIA的双锁孔测试（double barrel test）以获得保护。若东道国对一项资产不负有任何保护义务，东道国

---

① Sean D. Murphy, "Temporal Issues Relating to BIT Dispute Resolution", 37 ICSID Review, 52 (2022).

② Schill SW, Malintoppi L, Reinisch A, Schreuer CH, Sinclair A, eds. Schreuer's Commentary on the ICSID Convention: A Commentary on the Convention on the Settlement of Investment Disputes between States and Nationals of Other States, 3rd edition, Cambridge: Cambridge University Press, 2022, p.120.

③ Caron, David D., and others (eds), Practising Virtue: Inside International Arbitration, Oxford: Oxford University Press, 2015, p.267.

④ Ceskoslovenska Obchodni Banka, A.S. v. The Slovak Republic, ICSID Case No. ARB/97/4, Decision of the Tribunal on Objections to Jurisdiction, May 24, 1999, para.31.

任何干涉行为都不会产生任何求偿权以供投资者分配。东道国国民转让投资给外国投资者便是具有代表性的情形之一。例如，Phoenix 诉捷克案中，申请人购买了捷克国民持有的国内资产，仲裁庭认为，该类由东道国国内资产伪装成的外国投资不构成 IIA 下受保护的投资①，继而拒绝行使管辖。正如 Mihaly 仲裁庭所言，"没有人可以转让其根本不拥有的权利"②。因此，一项资产在转让前，其本身不应存在任何管辖瑕疵，否则原始投资者与继受投资者均无法获得求偿权。

（三）求偿权的可转让性与归属

根据国家不法行为责任理论，IIA 为缔约国设立了保护投资的义务，此为第一性义务，东道国违反该条约义务产生国家责任及相对应的条约求偿权。对于该求偿权的行使，存在衍生权利理论和直接权利理论两派不同观点。前者认为，该权利归属于缔约国，投资者只是作为母国的代理人，在程序上代行其母国的条约权利，③ 投资者无权转让该权利。后者认为，根据条约法理论，IIA 为投资者创设权利，投资者享有条约下的权利，其权利来源于条约本身而非母国授权，投资者完全享有权利，并以自己的名义进行仲裁。④ 因此，投资者有权以转让的形式处置该权利。但即便如此，也有观点认为，虽然该求偿权属于投资者，但也因其人身性质（intuitu personae）不能转让。⑤

实践中，若 IIA 没有明确禁止，大部分的仲裁庭认为求偿权与投资是互相

---

① Phoenix Action Ltd v. Czech Republic, ICSID Case No. ARB/06/5.Award, para.144.

② Mihaly International Corporation v. Democratic Socialist Republic of Sri Lanka, ICSID Case No.ARB/00/2, Award, para.24.

③ James Crawford, "The ILC's Articles on Responsibility of States for Internationally Wrongful Acts: A Retrospect", 96 *American Journal of International Law.* 888（2002）; Zachary Douglas, *The International Law of Investment Claims*, Cambridge: University Press, 2009, pp.11-17.

④ Douglas, *investment claims*, pp.33-34; Zachary Douglas, "The Hybrid Foundations of Investment Treaty Arbitration", 74 *British Yearbook of International Law*, 182（2003）.

⑤ James Crawford, *Brownlie's Principles of Public International Law*, 9th edition, Oxford: Oxford University Press, 2019, p.676.

独立的。例如，Daimler 仲裁庭认为，原则上，求偿权独立于投资。[1] 求偿权既可由原始投资者保留，也可转让给第三方。[2] CME 诉捷克案中，仲裁庭认为，源于原始投资者投资的求偿权随股份转让。[3] 又如，Gemplus 诉墨西哥案中，法国投资者在争端发生后向第三方出售了投资，但在备忘录中约定由其保留求偿权，该安排得到了仲裁庭的支持。[4]

可见，仲裁庭对投资者做出的求偿权安排往往持较开放的态度。但这并不代表所有的求偿权安排都能顺利实现，尽管投资者可以对求偿权的归属进行约定，但无论是原始投资者还是继受投资者，在行使求偿权时极可能遭遇管辖权障碍，其权利实现也因此受影响。

三、投资转让后的管辖障碍

如上所述，投资者对求偿权归属约定无非二类：其一，由原始投资者保留求偿权；其二，由原始投资者与受损投资一并转让给继受投资者处置。除国籍变更导致缺乏属人管辖权这一共同问题外，二者还各自遭遇不同的管辖障碍，具体而言，原始投资者更多面临所有权持续带来的属物管辖权问题，而继受投资者则主要受制于在争端发生时没有持有所涉争端投资这一属时管辖障碍。上述问题源自仲裁庭在判断是否存在管辖权时，采取的时间点不同。

（一）原始投资者保留求偿权

1. 属物管辖

投资者出让投资，自然丧失对投资的所有权。尽管 ICSID 公约没有明确要求申请人保留对投资的所有权或者控制直至提起仲裁[5]，但仲裁庭对持续控

---

[1] Daimler Financial Services A.G. v. Argentine Republic, ICSID Case No. ARB/05/1, Award, 22 August 2012, para.145.

[2] Schreuer, *Commentary*, pp.332-335.

[3] CME Czech Republic B.V. v. The Czech Republic, UNCITRAL, Partial Award.13 September 2001. para.423.

[4] Gemplus, S.A., SLP, S.A. & Gemplus Industrial, S.A. de C.V. v. United Mexican States, ICSID Case No. ARB（AF）/04/3, Award, 18 June 2010, para.5-33.

[5] Schreuer, *Commentary*, p.233.

制要求存在不同做法。一类仲裁庭认为，不应当将投资者是否持续控制投资作为判断属物管辖存在的标准，[1]即便在提起仲裁前，投资者转让了投资，也不影响管辖权，这类仲裁庭拒绝适用所有权持续规则的理由大致趋同，即征收等违约行为将使投资者丧失投资，若还以缺乏投资为由驳回请求，显然使东道国从其不义行为中获益，有违投资保护与救济的目的。而另一类仲裁庭则认为，投资者至少在提起仲裁时应当持有投资。以 Aven 诉哥斯达黎加案为例，申请人在仲裁程序开始前后均进行了房地产的转让，仲裁庭需判定仲裁程序启动前出售的房产是否应当计入申请人的投资。仲裁庭参考相关判例，认为应当以仲裁通知发出日作为判断投资是否存在的关键日，该仲裁庭将所有权持续要求作为一项原则，认为，"除非特殊情况，在仲裁前转让投资的投资者并无资格寻求条约保护"[2]。而在本案中，仲裁庭认为并不存在特殊情况，因此，在该关键日后转让的房产应当认定为 IIA 下的被涵盖投资，而在这之前转让的资产则被排除出管辖。这一判例同样得到了 IC Power 诉危地马拉案仲裁庭的支持。[3]

可见，仲裁庭对所有权持续规则的理解与运用不尽相同，对判断属物管辖是否存在的时间节点不一致，因此，原始投资者很可能因过早地转让投资而遭受属物管辖障碍。

2. 属人管辖

投资者国籍决定是否存在属人管辖权。在投资遭受损害后，投资者可能会经历一系列诸如破产、并购、重组等交易，控制权和国籍可能因此改变。

---

[1] Mondev International Ltd. v. United States of America, ICSID Case No. ARB（AF）/99/2. Award, October 11, 2002, para.91; GEA Group Aktiengesellschaft v. Ukraine, ICSID Case NO. ARB/08/16 Award, 31 March 2011, para.107, para.124; EnCana Corporation v. Republic of Ecuador, LCIA Case No. UN3481 3 February 2006, para.131; El Paso Energy International Company v The Argentine Republic, ICSID Case No ARB/03/15, Decision on Jurisdiction, 27 April 2006, para.135.

[2] David R. Aven, Samuel D. Aven, Carolyn J. Park, Eric A. Park, Jeffrey S. Shioleno, Giacomo A. Buscemi, David A. Janney and Roger Raguso v. The Republic of Costa Rica, ICSID Case No. UNCT/15/3, Award, 18 September 2018.paras.298–301.

[3] IC Power Asia Development LTD v. The Republic of Guatemala PCA CaseNo.2019–43. Award, October, 7, 2020.para.384.

ICSID 公约仅规定了消极、积极的国籍要件，即在同意仲裁以及案件注册时，[①]投资者应具有缔约国国籍，并且不具有东道国国籍（对于法人而言，若存在外国控制即可），在这两个时间点间，理论上投资者可随意变更国籍，公约本身没有任何国籍持续要求。

而在实践中，却有仲裁庭坚持投资者应当保持国籍直到仲裁结束。在 Loewen 诉美国案中，申请人是加拿大公司，在仲裁程序开始后破产，所有资产由美国公司收购，控制权发生变更。即便这一切均发生在程序开始之后，仲裁庭仍认为，根据习惯国际法，从引发求偿权的事件出现到仲裁结束，申请人都应保有其国籍[②]，申请人因改变国籍导致国籍链条断裂，缺乏属人管辖权。申请人认为，北美自由贸易协定（North American Free Trade Agreement，NAFTA）第 1116 条与第 1117 条仅要求申请人保留国籍至提起诉讼，面对该质疑，仲裁庭认为，NAFTA 没有明确国籍是否应持续至仲裁程序结束，但按照 NAFTA 第 1131 条，应根据习惯国际法弥补空白，即应当持续至仲裁结束。[③]该裁决因违反生效期限原则以及对国籍持续的强硬要求而遭到了大量批评。[④]

由 Loewen 案可知，若 A 国投资者在东道国违约后，甚至在提起仲裁后，国籍变更为 B 国国籍，则该投资者不再能以 A 国投资者身份主张保护。那么投资者是否可凭新的 B 国投资者身份提起仲裁呢？答案似乎也是否定的。African Holding Company 等诉刚果案中，第二申请人 SAFRICAS 原本是一家比利时公司，持有对被申请人的到期工程应收账款，与被申请人就偿付问题存在争端。此后，第二申请人于 2000 年被美国投资者收购，由美国投资者所有的 New Biz Congo Ltd. 对第二申请人进行控股。2004 年，第二申请人将所

---

① Schreuer, *Commentary*, p.445.

② Loewen Group, Inc. and Raymond Loewen v. United States of America, Case No. ARB（AF）/98/3, Award, 26 June, 2003.para.225.

③ Ibid., para.228.

④ Pia Acconci, "Requirements of Continuous Corporate Nationality and Customary International Rules on Foreign Investments: The Loewen Case", 14 *The Italian Yearbook of International Law*, 232（2004）; Noah Rubins, "Loewen v. United States: The Burial of an Investor-State Arbitration Claim", 1 *Arbitration International*, 24（2005）.

有权利转让给第一申请人。两个申请人均以美国投资者身份就应收账款提起仲裁。仲裁庭最后认为，争端发生的日期是决定管辖的决定性因素。如果争端发生在2000年之前，仲裁庭将缺乏管辖权。第二申请人与东道国发生争端时，是比利时国籍，不具有美国国籍[①]，因此无权根据ICSID公约与美国—刚果BIT主张保护。言下之意，其转让给第一申请人的美国—刚果BIT下的权利自始不存在。简言之，A国投资者在争端发生后提起仲裁前，国籍变更为B国国籍，该投资者也不能以B国投资者身份主张保护。可见，由于国籍持续的内涵不确定，因此即便实践中达成了原则上不适用国籍持续要求的共识，转让投资导致国籍变更，仍可能使投资者陷入尴尬境地。

（二）继受投资者持有求偿权

1. 属时管辖

多数实践与理论观点认为，属时管辖是继受投资者面临的主要管辖难题。[②]仲裁庭似乎一致认为，继受投资者应当在争端发生时持有投资。对于继受投资者，其获取受争端措施影响的投资时间为争端发生后，换言之，争端发生在原始投资者与东道国之间，而不是继受投资者与东道国之间，因此继受投资者与东道国之间不存在争端，自然无法主张权利。例如，Philip Morris案中，仲裁庭认为，属时管辖权的存在取决于投资者是否在所称违约前拥有一项受保护的投资，[③]在GEA诉乌克兰案中，仲裁庭更是直接明确道，在违约时，

[①] African Holding Company of America, Inc. and Société Africaine de Construction au Congo S.A.R.L. v. Democratic Republic of the Congo, ICSID Case No. ARB/05/21, Award on the Objections to Jurisdiction and Admissibility, 29 July 2008, para.121.

[②] Nelson Goh, "The Assignment of Investment Treaty Claims: Mapping the Principles", 10 *Journal of International Dispute Settlement*, 34 (2019); Hanno Wehland, "The Transfer of Investments and Rights of Investors under International Investment Agreements – Some Unresolved Issues", 30 *Arbitration International*, 567 (2014); Daniel Quintero Botero, "Westmoreland v. Canada: A Precedent against the Transferability of Treaty Claims", 8 *European Investment Law and Arbitration Review* 242 (2023); ED POULTON, YARIK KRYVOI, EKATERINA FINKEL AND JANEK BEDNARZ: EMPIRICAL STUDY: CORPORATE RESTRUCTURING AND INVESTMENT TREATY PROTECTIONS, https://www.biicl.org/documents/89_isds-corporate-restructuring.pdf (Last visited on April 10, 2024).

[③] *Philip Morris*, para.529.

申请人必须拥有对所涉投资的权利。① 在 Levy 诉秘鲁案中，仲裁庭同样认为，若投资者在争端后才购入投资，仲裁庭一般会缺乏属时管辖权。②

在最近的 Westmoreland Mining Holding 诉加拿大案中，Westmoreland Coal Company（简称 WCC）因加拿大环保措施遭受影响，并于 2018 年向加拿大提起仲裁。③ 过程中，WCC 破产，作为重组安排，设立了申请人 Westmoreland Mining Holding（简称 WMH）并将资产及求偿权于 2019 年转让给申请人，同时 WCC 与加拿大协商一致，撤回仲裁请求，由 WMH 提起仲裁。仲裁庭认为，根据 NAFTA 第 1116 条，投资者需证明其遭受了损失，且提起仲裁的投资者与遭受损失的投资者必须是同一投资者。④ 而本案中，实际遭受损失的是 WCC，WMH 成立于 WCC 遭受损失后，其和 WCC 遭受的损失不存在任何关系。并且，根据 NAFTA 第 1139 条，WMH 只有在拥有合格投资后（受让了 WCC 受损的投资后）才能被认定为 NAFTA 下的合格投资者，⑤ 并且受让的 WCC 资产因转让已脱胎为一个全新的、不与东道国存在任何争端的投资，与过去的违约行为没有联系。基于上述理由，在所称违约措施出现时，WMH 并不持有受该措施影响的投资，WMH 与 WCC 也不存在任何继承关系，⑥ 因此仲裁庭以缺乏属时管辖权为由驳回了请求。

之后，WCC 不得不于 2022 年重新提起仲裁，而加拿大则反驳称，WCC 不符合提起仲裁的条件，因为 WCC 在 2022 年提起仲裁时并不拥有投资，⑦ 同

---

① GEA Group Aktiengesellschaft v. Ukraine，ICSID Case NO. ARB/08/16 Award，31 March 2011，para.170.

② Renee Rose Levy and Gremcitel SA v. The Republic of Peru，ICSID Case No ARB/11/17，Award，9 January 2015，para.182.

③ Westmoreland Mining Holdings，LLC v. Government of Canada，ICSID Case No. UNCT/20/3，Award，para.85.

④ Ibid. para.140.

⑤ Ibid. para.114.

⑥ Ibid. para.220.

⑦ Westmoreland Coal Company v. Canada（II），ICSID Case No. UNCT/23/2，Government of Canada's Memorial on Jurisdiction and Response to Notice of Arbitration，28 June 2023，para.138.

时NAFTA禁止再次起诉的规定也剥夺了WCC再次提起仲裁的权利。① 这便使得投资者陷入一个两难的境地：原始投资者在争端发生后，因为处分了投资，而可能失去提起仲裁的资格；而继受投资者又因为在争端发生时还没有获得投资，无权提起仲裁。结果便是，没有投资者可以向东道国主张损失，投资者似乎陷入一个"属时管辖的黑夜"，期间任何转让都会使得求偿权凭空消失。②

仲裁庭倾向于采用违约行为发生时持有投资作为判断是否有管辖权，多源于对国家不法行为责任理论的运用。③根据国家对国际不法行为的责任条款草案（Draft Articles on Responsibility of States for Internationally Wrongful Acts），国家不法行为责任产生前提是存在承担的国际义务，④因而，投资者在东道国违约时，必须受IIA保护，否则东道国的损害行为不会产生条约下的义务，遑论由投资者代表自己或母国主张权利。对于继受投资者而言，只有在设立或者受让投资后才可能获得IIA保护，而损害行为发生时，所涉投资由原始投资者持有，这使得继受投资者在受让投资和求偿权后难以主张权利。

2. 属人管辖

ICSID公约规定的国籍要求对于继受投资者同样适用。一般而言，只要继受投资者在提起仲裁时持有一缔约国国籍，基本不会存在管辖问题。若继受投资者的国籍不是缔约国或者其国籍为东道国，则必定缺乏属人管辖，即便是东道国的同意也不能改变。对此，不多加赘述。

---

① Ibid. para.122.

② Raphael Ren, "Vanishing Treaty Claims: Investors Trapped in a Temporal Twilight Zone", 38 ICSID Review, 153（2023）.

③ Astrida Benita Carrizosa v. Republic of Colombia, ICSID Case No. ARB/18/5, Award, 19 April 2021, para.124; Douglas, Investment Claims, pp.336-337; Goh, Mapping the Principles, p.34; Wehland, Unresolved Issue, p.568; Anastasios Lafaras, "The Assignment of Investment Treaty Claims: Doctrinal and Policy Perspectives", 24 Journal of World Investment & Trade, 218（2023）.

④ Report of the Commission to the General Assembly on the work of its fifty-third session, UN General Assembly Document, A/56/10（SUPP）, 23 April-1 June and 2 July-10 August 2001, pp.133-134.

四、投资与求偿权转让的优越性

东道国措施会影响投资的正常运营,使投资者蒙受经济损失,因此当投资者与东道国发生争端时,其选择往往有限。传统的 ISDS 机制为投资者提供了多种救济,但无论是友好的纠纷解决机制,还是通过当地司法或者国际仲裁对簿公堂,所要求的资金、时间投入会让本就蒙受损失的投资者财务状况雪上加霜。尽管由国内法移植到投资仲裁领域的投资保险制度以及第三方资助制度能在一定程度上缓解投资者的压力,但相比之下,转让受损投资以及求偿权却能赋予投资者快速盘活资产并变现离场,避免冗杂的救济程序等可能性。

(一)相较于海外投资保险制度

海外投资保险能在其承保范围内对投资者先行赔付,但这背后是严格的投保资格审查以及繁复的理赔手续。例如,由美国政府机构主导的海外私人投资公司(Overseas Private Investment Company)提供的海外投资保险,首先,该保险具有地域限制,即只承保在不发达国家、由非市场经济转向市场经济的国家的投资。其次,还会对投资进行效益评估,如要求投保人的投资需对东道国以及本国的经济、社会发展有贡献,[1]并且会将劳工权利、环境保护纳入考量范围。[2]保险赔付后,按照多数 IIA 为投资保险的追偿设置的代位条款,追偿有两条路径实现:一类是直接由母国向东道国行使追偿权的政治化解决;另一类则是由保险合同规定,投资者在获得赔偿后仍须提起仲裁,仲裁收益用于补偿承保人。[3]这一制度本身具有浓厚的政治色彩,在其之下,受损投资者仍需投入时间与东道国对峙,这并不能减少受损投资者与东道国的冲突。而相比之下,若通过转让投资及求偿权,一方面,投资者可以选择悄无声息地撤资,并自行决定是投入更多的资源与东道国进行仲裁,还是由愿意接受其投资的后手另做打算;另一方面,交易不涉及母国,不会导致投资问题

---

[1] Foreign Assistance Act, 22 U.S.C. § 2151.

[2] Ibid.

[3] Schreuer, *Commentary*, p.344.

的再政治化。

（二）相较于第三方资助

第三方资助不直接弥补投资者损失，而仅是为资金不足的投资者提供仲裁所需的资金，提供资助的典型条件则是资助者按比例收取投资仲裁收益。[①] 资助者一般与案件没有直接关系，出资方以收取巨额仲裁收益为目的，投资的运作、对东道国的经济贡献并在其考虑范围之中。出资方为了确保其收益，势必会通过左右投资者的决策对仲裁施加影响[②]，在某种程度上，资助方借投资者的身份绕过了 IIA 的管辖要求，在事实上成为了程序的一方，实际上其投机的本质与不透明的运作引发了诸多关注。相比之下，投资和求偿权的转让更加注重投资的运作，善意的继受投资者购买受损投资必然会考虑资产的持续发展潜力，让投资保持运作无疑有利于东道国的经济发展，另外，这一交易不会产生第三方按比例收取赔偿款的额外成本，最重要的是，无论是原始投资者还是继受投资者，其选择并不会因为资助协议的要求而限于与东道国进行旷日持久的仲裁，这对维护投资者与东道国之间的良好关系具有重要意义。

五、保障撤资阶段的投资者求偿权实现

投资与求偿权转让相比诸如投资保险、第三方资助等传统的投资保障有着诸多优势。不论求偿权是由原始投资者保留，还是随投资一并转让给后手，其实现都应当得到保障。为避免投资转让影响求偿权实现，需要克服管辖上的障碍。具体而言，对于保留求偿权的原始投资者，需明确应当以违约之日作为判断其国籍与投资存在的关键日期，对于受让投资与求偿权的继受投资者，若以自己名义行使求偿权，将难以克服管辖障碍，但以受损投资者的名义提起仲裁似乎是可行的。

[①] Steinitz, Maya, "Whose Claim Is This Anyway? Third Party Litigation Funding", 95 *Minnesota Law Review*, 1276（2011）.

[②] Jonas Von Goeler, *Third-Party Funding in International Arbitration and Its Impact on Procedure*, Netherlands: Kluwer Law International, 2016, p.74.

（一）明确以违约之日作为判断管辖的关键日期

根据国家不法行为责任所得出的结论是合理的。国家只有违反了其承担的第一性义务，才会导致第二性义务的产生。东道国承担的第一性义务来自 IIA 的规定，自然，条约规定的第一性义务自生效时对缔约国产生约束力。东道国的违约行为构成对第一性义务的违反，由此产生了对投资者进行补偿的第二性义务。而所谓违约行为，则必然存在具体的违约对象，即 IIA 下合格的投资者，换言之，当投资者未获得条约保护时，东道国对其不承担任何条约下的义务，东道国任何措施不会构成对第一性义务的违反，更不会产生赔偿的第二性义务。因此，在没有特别规定的情形下，投资者只能对其获得条约保护之后、其失去条约保护前这一时间段内的东道国措施主张违约。

回到最开始的问题，原始投资者因转让投资而变更国籍、丧失投资所有权的本质，即投资者丧失合格投资者的地位以及 IIA 的保护，嗣后任何东道国的措施均不会构成对条约义务的违反。因此，若投资者欲就东道国措施提起仲裁，其必须在所称违约时，满足 IIA 下合格投资者的要求。只要满足了 IIA 下的要求，东道国则应当为其违约行为承担相应的责任，该责任不应当由后续事件的发生而受影响。[①]

综上，原始投资者转让投资但保留求偿权时，只要转让或者国籍变更的时间在违约发生之后，就有资格提起仲裁。仲裁庭不应当以缺乏属人、属物管辖为由驳回申请。

（二）应以受损投资者的名义实现求偿权

对于受让受损投资以及求偿权的继受投资者，缺乏管辖的根源是所称违约行为发生在其成为合格投资者之前。根据禁止追溯原则，在成为合格投资者之前，东道国自然不向其承担责任。当然，该原则在实践中不乏例外。例如，有观点认为，部分 IIA 规定其适用于"投资者与东道国之间的任何争端"，实

---

① *Report of the Commission to the General Assembly on the Work of Its Fifty-third Session*，UN General Assembly Document，A/56/10（SUPP），23 April–1 June and 2 July–10 August 2001，p.136.

际上是突破了禁止追溯原则的限制，将属时管辖权延伸到条约保护生效前。[①] 但这并不能完全解决继受投资者面对的管辖障碍。首先，并非所有的 IIA 都会规定如此宽泛的仲裁合意；其次，这并不能弥补属人管辖的缺陷；最后，这不能解决接受仲裁合意方与争端方不是同一主体的问题。原争端存于适用 A 条约的原始投资者与东道国之间，而继受投资者通过 B 条约溯及既往至 A 条约下的争端，其可行性相当存疑。

当东道国对原始投资者出现违约行为，且该违约已经满足了 IIA 的管辖要件时，事实以及适用的法律已经固定并转化成"成熟的求偿权"，[②] 转让也不应当影响该求偿权的行使。问题在于，对转让后的投资保护的要求原则上与其他时候没有区别，[③]IIA 与 ICSID 公约为规定了一系列管辖要件，即便继受投资者受让了受损的投资和成熟的求偿权，仲裁庭也要根据新 IIA 的规定再次审查管辖权，这相当于东道国的违约行为经历了多次管辖权审查；即便申请人通过了新 IIA 下的管辖权审查，其获得的赔偿也可能因新 IIA 的保护水平、实体义务的不同而不同。这显然是非常不经济且不合理的。

因此，最合理的解决方式是继受投资者依旧按照原始投资者名义主张权利，这既能解决继受投资者与原始投资者国籍不一致的问题，也能解决争端方与同意仲裁方身份不同的问题，当然，这不代表继受投资者可以直接取代原始投资者的地位。Victor Pey Casado 等诉智利案也许能带来一些启示。该案涉及裁决撤销之后的再次审理，在裁决撤销后、提起二次审理前，原申请人 Casado 先生将其持有的投资与权利均以合理对价转让给了拥有西班牙与智利双国籍的女儿 Casado 女士。显然，根据 ICSID 公约的国籍要求，Casado 女士

[①] Sadie Blanchard, "State consent, temporal jurisdiction, and the importation of continuing circumstances analysis into international investment arbitration", 10 *Washington University Global Studies Law Review*, 430（2011）; Andrea Gattini, "Jurisdiction Ratione Temporis in International Investment Arbitration", 16 *Law & Practice of International Courts and Tribunals*, 142（2017）; Norzucker AG v. The Republic of Poland, UNCITRAL, Partial Award, 10 December 2008, para.109.

[②] Anthony C. Sinclair, "ICSID's Nationality Requirements", 23 *ICSID Review*, 115（2008）; Goh, *Mapping the Principles*, p.24; Lafaras, *Doctrinal and Policy Perspectives*, p.246.

[③] Wehland, *Unsolved issue*, p.567; Schreuer, *Commentary* p.327.

不具有申请人地位，但鉴于 Casado 先生身体状况，仲裁庭同意智利的立场，将 Casado 女士视为 Casado 先生的代表，[1] 仲裁庭并没有详细论述将其列为代表的依据，可能仅是基于其自由裁量权。[2] 因此，若要避免不合理的管辖权审查，最好的方式似乎是继受投资者直接以原始投资者的名义向东道国求偿，并单独约定仲裁收益的归属。

（三）避免 ISDS 机制的过度商业化

尽管投资和求偿权转让能帮助受损投资者便捷、低成本地完成撤资，但仍需避免该交易被滥用，继而出现滥诉的情形。一方面，鼓励求偿权的交易可能会减少投资者提起仲裁的经济压力，导致投资者对和解、调解、协商等友好争端解决方式缺乏兴趣；另一方面，求偿权交易的兴起可能会滋生一批专门收购求偿权的秃鹫投资者，导致一些经济实力弱的发展中国家在面对强大的跨国金融组织时束手无策。阿根廷债务危机中专门收购违约债权的秃鹫基金便是前车之鉴。因此，只有排除恶意交易，投资以及求偿权的转让才能真正发挥作用，保护处于撤资阶段的投资者利益。例如，国家可以在拒绝利益条款中细化相关规定，或对投资者的定义做出相关限制[3]，以确保求偿权交易市场的有序发展。

六、结语

当下投资争端的解决机制相当多元，但这些机制无法完全避免双方的对抗，并且需要双方投入时间、金钱。随着去全球化和嵌入式自由主义声势日上，越来越多的 ICSID 缔约国在重新考虑其投资工具并限制救济途径[4]，投资和求偿权的转让为受损投资者提供了无须直接面对东道国便可套现离场的可能性，

---

[1] Victor Pey Casado and President Allende Foundation v. Republic of Chile, ICSID Case No ARB/98/2, Award, 13 September 2016, para.187.

[2] Danielle Morris and Cem Kalelioglu, "CASE COMMENT Victor Pey Casado and President Allende Foundation v. Republic of Chile: Assignment of Investment Treaty Claims and Jus Standi of the Assignee", 36 *ICSID Review*, 505（2021）.

[3] Ren, *How to Identify*, pp.373-375.

[4] Kathleen Claussen, "The International Claims Trade", 41 *Cardozo Law Review*, 1746（2020）.

对资本的流动、资源再配置具有诸多意义。诉权交易在两大法系均有绵长的历史，在当下的仲裁、诉讼实务中多有运用，可见在不远的将来，投资法领域下的投资与求偿权的交易也将迅速普及。仲裁庭对习惯国际法规则的不同理解与运用，是导致管辖存在障碍的重要原因。以违约之日作为判断管辖权的时点、以受损投资者名义提起仲裁的可行性，乃至管辖规则的明确与统一，仍需大量实践检验；国际投资法碎片化问题的解决，更需多方合力。

实际施工人跨越合同关系起诉与仲裁协议效力扩张问题研究

张晓峰[*] 张少波[**]

- 摘 要

《最高人民法院关于审理建设工程施工合同纠纷案件适用法律问题的解释（一）》（以下简称《施工合同解释》）中为实际施工人起诉发包人创设了特殊救济路径，但该规范的设定与传统仲裁理论产生冲突，在法院与仲裁委对案件的主管权上提出了新的挑战，而其背后所暗含的是实际施工人实体权利与仲裁协议私主体意思自治的法益权衡。本文基于法院对该类案件主管权实证研究并结合仲裁协议效力扩张理论的再思考，分别针对挂靠法律关系与转包/违法分包法律关系下仲裁协议效力扩张至实际施工人进行分析，认为发包人知悉挂靠法律关系及实际施工人订有仲裁条款时，法院无主管权；发包人不知悉挂靠法律关系与转包/违法分包法律关系中，当非仲裁协议签署方的实际施工人选择加入仲裁协议时，仲裁条款应当对其发生扩张的效力，实际施工人若未有加入仲裁的意思表示，法院可参照《最高人民法院关于适用〈中华人民共和国民法典〉合同编通则若干

---

[*] 张晓峰，北京市万商天勤律师事务所合伙人。
[**] 张少波，北京市万商天勤律师事务所律师。

问题的解释》(以下简称《合同编通则解释》)第 36 条之规定,兼顾发包人的程序抗辩权利和实际施工人实体权利保护。

● **关键词**
实际施工人　仲裁协议效力扩张　合同相对性原则的例外

Abstract: The Interpretation of Construction Contract creates a special remedy path for the actual constructor to sue the employer, but the setting of this norm conflicts with the traditional arbitration theory, which poses a new challenge to the jurisdiction of the court and the arbitration commission over the case, and what is implied behind it is the balance of the substantive rights of the actual constructor and the autonomy of the private subject in the arbitration agreement. Based on the empirical study of the court's jurisdiction over such cases and the reconsideration of the theory of the expansion of the validity of the arbitration agreement, this paper analyzes the expansion of the validity of the arbitration agreement to the actual constructor under the affiliated legal relationship and the subcontracting/illegal subcontracting legal relationship respectively, and holds that the court has no jurisdiction when the employer knows the affiliated legal relationship and the actual constructor has an arbitration clause; In the legal relationship of affiliation and subcontracting/illegal subcontracting, when the actual constructor who is not the signatory of the arbitration agreement chooses to join the arbitration agreement, the arbitration clause shall have the effect of expansion. If the actual constructor does not express his intention to join the arbitration, the court may refer to the provisions of Article 36 of the Interpretation of the General Principles of Contract. Give consideration to the procedural defense right of the employer and the protection of the substantive rights of the actual constructor.

Key Words: the actual constructor, the expansion of the validity of arbitration agreement, exceptions to the principle of privity of contract

一、问题的提出

（一）实际施工人权益保护与仲裁制度的冲突

《最高人民法院关于审理建设工程施工合同纠纷案件适用法律问题的解释》中提出了实际施工人的概念，并在第 26 条[①]第 2 款确立了跨越合同关系起诉的基本规则，但该规定与当前实务中大量采用仲裁作为争议解决方式产生了一定冲突。

仲裁以尊重当事人的意思自治为最基本原则，且仲裁协议具有独立性，原则上仅对签订该协议的当事人产生拘束力；因此，在实际施工人突破合同相对性向发包人主张权利时，发包人通常会以存在仲裁协议为由提出程序抗辩。

由于缺乏明确的法律规定，人民法院在处理该类型争议时并没有统一的适用规则、认定标准和裁判结果，实务中不同地区、不同级别的法院对此问题的处理大相径庭。这也引发了许多关于前手工程参与方之间的仲裁协议对于实际施工人效力问题的研究，以及对仲裁协议效力扩张正当性的讨论。

（二）不同法律关系中研究问题的具体化

实际施工人并不是一个严格的法律概念，在《最高人民法院关于审理建设工程施工合同纠纷案件适用法律问题的解释》出台之前并未有该称谓，其中也仅提出该称谓，而未对其内涵和外延作出界定。

之后包括最高人民法院和各地方法院均通过一系列的司法政策[②]、专业文

---

① 《最高人民法院关于审理建设工程施工合同纠纷案件适用法律问题的解释》第 26 条（实际施工人以转包人、违法分包人为被告起诉的，人民法院应当依法受理。实际施工人以发包人为被告主张权利的，人民法院可以追加转包人或者违法分包人为本案当事人。发包人只在欠付工程价款范围内对实际施工人承担责任）已被《施工合同解释》第 43 条替代。

② 参见《关于统一建设工程施工合同纠纷中"实际施工人"的司法认定条件的建议的答复》、《北京市高级人民法院关于审理建设工程施工合同纠纷案件若干疑难问题的解答》第 18 条、《河北省高级人民法院建设工程施工合同案件审理指南》第 29 条。

章[1]、案例[2]等对"实际施工人"的范围界定作出明确，意在表达无效施工合同中实际完成工程建设的主体，以便于区分有效施工合同的承包人、施工人、建筑施工企业等法定概念。结合对无效合同的类型化及前述观点，本文所讨论的实际施工人包括如下三类主体：挂靠合同中的施工人、转包合同中的施工人和违法分包合同中的施工人。[3]因后两者法律关系类似，进而本文中实际施工人可置于两类法律关系下：挂靠法律关系中的施工人与转包/违法分包法律关系中的施工人。

在挂靠法律关系中，仲裁条款通常出现在发包人和被挂靠人之间的施工合同中，挂靠协议极少约定仲裁条款，因而在挂靠法律关系中，研究问题可以具体为：发包人和被挂靠人约定了仲裁条款，挂靠人起诉发包人主张工程款债权是否受仲裁协议约束？

在转包/违法分包的法律关系中，将主体简化为发包人—转包人/违法分包人—实际施工人的三角关系；当涉及仲裁条款时，可能会在发包人与转包人/违法分包人之间的施工合同中约定，也可能在转包人/违法分包人与实际施工人之间的转包/分包合同中约定，当然也可能同时约定仲裁条款。因而在转包/违法分包法律关系中，研究问题可以描述为：1.当施工合同中约定有仲裁条款时，对于实际施工人起诉发包人的案件，法院是否有主管权？或者当实际施工人选择提起仲裁时，仲裁协议效力是否应扩张至实际施工人？2.当转包/分包合同中约定有仲裁条款时，对于实际施工人起诉发包人的案件，法院是否有主管权？

本文通过对实际施工人跨越合同关系起诉发包人相关裁判案例的实证分析，并结合对仲裁协议效力扩张理论的研究思考，以期能够在实践中解决实际施工人与发包人争议的主管权难题。该问题的解决不仅有利于统一司法裁判规则，更有利于促进仲裁在工程争议解决中的分流作用。

---

[1] 最高人民法院民事审判第一庭编：《民事审判指导与参考》2019年第2辑（总第78辑），人民法院出版社2019年版，第29页。

[2] （2019）最高法民申126号。

[3] 唐倩：《实际施工人的建设工程价款优先受偿权实证研究》，载《中国政法大学学报》2019年第4期（总第72期）。

二、仲裁协议效力扩张的实证研究

（一）样本收集与裁判现状

为了对实际施工人起诉发包人案件中涉及仲裁协议时法院的主管权问题进行探讨，本文收集了近3年实际施工人跨越合同关系起诉并涉及仲裁协议的190篇案例。① 结合本文对于实际施工人的分类及各主体间法律关系的不同，对案例作如下分类：

案例类型	案例数量	其中：法院认为有主管权	其中：法院认为无主管权
挂靠法律关系中，发包人与承包人之间订有仲裁条款，实际施工人起诉发包人	37	4	33
转包/违法分包法律关系中，发包人与承包人之间订有仲裁条款，实际施工人跨越合同关系起诉发包人	84	45	39
多重转包/违法分包法律关系中，转包人/违法分包人与下游单位之间订有仲裁条款，实际施工人跨越合同关系起诉转包人/违法分包人	24	12	12
实际施工人订有仲裁条款，发包人未订有仲裁条款	36	8	28
实际施工人订有仲裁条款，且发包人与承包人间有仲裁条款	9	0	9
合计	190	68	122

在190篇含仲裁协议的案件中，法院认为有主管权的案例68篇，占比约为36%；法院认为无主管权的案例122篇，占比约为64%。可以看出，在挂靠法律关系中法院主管权争议较小，在实际施工人订有仲裁条款时争议较小，而在转包/违法分包法律关系中，仲裁协议效力是否扩张至实际施工人在实践中具有较大争议。

---

① 具体检索方法及筛选过程：在"威科先行"法律信息库的"本院认为"部分，检索同时包含关键词"实际施工人""仲裁"，并选择案由为"建设工程合同纠纷"、文书类型为"裁定书"，检索日期设定为"最近3年"，可得案例251篇。在一一查阅后得含有实际施工人并涉及仲裁协议案例共计190篇，无效案例61篇。本文案例收集工作于2024年2月26日完成。

在法院认为其无主管权时，若仲裁机构又不认可仲裁协议效力扩张并拒绝受理，便导致实际施工人的实体权利无法得到有效救济。在王某军、郑州地产集团都市开发有限公司建设工程施工合同纠纷案[1]和中国化学工程第十六建设有限公司、文某林等建设工程施工合同纠纷案[2]中均涉及，法院认为纠纷应由仲裁委员会受理解决，但鉴于仲裁委员会多次不予受理的实际特殊情况，为实质性化解纠纷，使实际施工人的合法债权能够得到救济，人民法院对该案进行了审理。这些案例进一步凸显了在主管权上因法规不明晰而导致的实务冲突问题。

（二）挂靠法律关系中仲裁协议效力应及于实际施工人

在本文案例样本中，挂靠法律关系案例共计37篇，其中33篇法院认为无主管权，占比约89%，在数据上体现法院认为挂靠法律关系中仲裁协议效力应当及于实际施工人。

在法院认为无主管权的案例中，裁判理由包括如下两种观点：

其一，实际施工人与发包人成立事实合同关系，这也是该类案件中最被认可并使用的裁判观点。若发包人对挂靠关系知情，则与实际施工人之间成立施工合同法律关系，双方直接受合同中的争议解决条款约束，如魏某、平陆县锦源房地产开发有限公司等建设工程施工合同纠纷案[3]中，法院认为仲裁协议是挂靠人与发包人之间真实意思表示，挂靠人以实际施工人的身份实际履行本案所涉建设工程施工合同，双方之间形成事实上的权利义务关系，故应当根据约定的仲裁条款采取仲裁方式解决纠纷，否则就侵犯了发包人的程序选择权利。

其二，禁止反言原则。如赵某、新疆维吾尔自治区乌鲁木齐市米东区古牧地镇振兴村民委员会建设工程施工合同纠纷案[4]中，法院认为案涉施工合同是挂靠人以被挂靠人名义与发包人签订的，挂靠人对于该合同中关于争议解

---

[1] （2021）豫01民再159号。
[2] （2023）新23民辖终10号。
[3] （2022）晋08民终2525号。
[4] （2021）新01民初315号。

决方式为仲裁的条款应系明知，该条款具有独立性且排除了人民法院的管辖权。因此，挂靠人就本案向人民法院提起诉讼，有违其之前作出的关于通过仲裁方式处理争议的约定。

而在法院认为有主管权的案例中，针对仲裁委员会已作出裁决的，法院自有权受理其争议，如韩某慧、赤峰市中城建筑工程有限公司等建设工程施工合同纠纷案[①]中，法院认为发承包双方之间的仲裁是基于双方的合同约定而进行，本案中各方的法律关系与仲裁的法律关系并不完全一致，发承包双方之间就案涉工程款的结算已作出裁决，该裁决中结算工程款的方式不影响实际施工人的诉权。

另外，针对有些案件需对其实体法律关系审查后方能确定是否属于法院主管范围，如发包人对挂靠关系是否知情及因此所形成的法律关系，需要受理并进行实体审理后方能确定。例如，赵某水、沈阳市双润房屋开发有限公司建设工程施工合同纠纷案[②]中，法院认为在处理挂靠问题时，如果相对人不知晓挂靠事实，则应优先保护善意相对人，此时挂靠人和被挂靠人之间可能形成违法转包关系；如果相对人知道挂靠事实，则挂靠人与发包人两者之间可能形成事实上的合同关系。法院应当在受理案件后，就各方当事人之间形成何种法律关系、当事人法律地位等焦点问题进行实体审理后作出判断得出结论。

综上所述，多数法院认同事实合同关系的观点，也即合同事实上约束挂靠人和发包人，作为合同组成部分的仲裁条款效力自应扩张至实际施工人。但在分析挂靠法律关系时，还应将发包人对挂靠是否知情作为前提条件。

若发包人知悉资质借用关系，适用《民法典》第146条通谋虚伪的规定，可认为发包人与挂靠人有建立施工合同关系的合意，成立施工合同法律关系，故挂靠人自得依据合同约定的争议解决方式向发包人主张欠付工程款。

若发包人对工程由实际施工人挂靠施工并不知情，双方不存在建立施工合同法律关系的合意，此时三者之间法律关系的认定存在不同观点。有观点

---

① （2021）内民申2665号。

② （2023）辽13民再22号。

认为，挂靠人与发包人之间成立事实合同关系。[1]亦有观点认为，双方系间接代理关系，挂靠人有权直接向发包人行使介入权。[2][3]还有观点认为挂靠人不得突破合同相对性向发包人主张权利。

笔者认为，在发包人不知情条件下，原则上只有被挂靠人得以向发包人主张债权，若被挂靠人怠于行使权利，挂靠人的实体权益则无法实现，其实这种情形下挂靠在实质上与转包已趋于接近，在法律效果上也不应有重大区别，在挂靠人无法依据《施工合同解释》第43条第2款（跨越合同关系起诉）、《民法典》第535条（代位权）主张权利情形下，笔者认为参照《民法典》第926条（代理）处理更为合理。

（三）转包/违法分包法律关系中仲裁协议效力扩张与实际施工人权益保护的辩证关系

涉及转包/违法分包法律关系且实际施工人未订立仲裁条款的样本案例共计108篇，占总样本比例约57%，是实践中最为常见的情形。法院认为有主管权的案例57篇、无主管权的案例51篇，占比约为1∶1，充分体现该问题在实务中争议之大。

1. 区分转包/违法分包与多重转包/违法分包之原因

对于《施工合同解释》第43条第2款所规定"发包人"的含义，当仅从文意上理解时，任何一个施工合同的双方都可以互称为发包人和承包人，因而实践中因对发包人的不同理解而对该条款产生不同观点，尤其在多重转包/违法分包情形下为甚。以最高人民法院为代表的观点强调要准确理解、限缩适用《施工合同解释》第43条第2款规定[4][5]，实际施工人实体权利指向的对

---

[1] 邬砚：《建设工程合同纠纷：254个裁判规则深度解析》，法律出版社2018年版，第289页。

[2] 唐倩：《挂靠施工合同的效力分析》，载《法律适用》2019年第5期。

[3] 朱庆育：《民法总论》，北京大学出版社2016年版，第337页。

[4] 肖峰、严慧勇、徐宽宝：《〈关于审理建设工程施工合同纠纷案件适用法律问题的解释（二）〉解读与探索》，载最高人民法院民事审判第一庭编：《民事审判指导与参考》（2019年第2辑），人民法院出版社2019年版，第17—33页。

[5] （2021）最高法民申3649号。在（2021）最高法民申3586号、（2021）最高法民申1358号、（2021）最高法民申4495号案件中持类似观点。

象包括与其有合同关系的转包人、违法分包人或被挂靠人，以及与其无合同关系的发包人（建设单位），不包含与其无合同关系的转包人、违法分包人。

笔者同样持发包人并非任一施工合同中的发包单位，而是特指建设单位这一观点，但发包人已将全部工程款支付给下游的承包人或转包人/违法发包人的除外。原因如下：其一，当实际施工人全部成本物化为工程实体，在整个合同链条中，发包人是最终的受益方和付款方，也即责任承担方，在其欠付的工程款内承担最终责任，可以降低整体的诉讼成本，一次性解决全部纠纷；其二，将发包人界定为建设单位，避免实际施工人随意地向与其无合同关系的前手主张权利，最大程度地降低对合同相对性原则的破坏，毕竟突破合同相对性从法理和法律规定上讲是有缺陷的[①]；其三，《施工合同司法解释》第43条第2款是特殊救济途径，对于其适用应作严格的限制，而缩小其影响范围是必要手段，避免因其再衍生出多个诉讼，否则与立法本意相悖。

然而，虽然笔者并不认可实际施工人可以向与其无合同关系的中间环节转包人/违法分包人主张工程款债权，但实践中诸多案例基于公平原则和化解纠纷的实际需要会在多重转包/违法分包中将发包人泛化，本质上两者的逻辑和观点并无差异，故相关案例仍具有参考性。从样本案例的结果比例与说理角度上来看，同样能佐证这一观点。

2. 多重转包/违法分包法律关系

在该类型24篇案例中，法院认为有主管权的案例12篇，其中10篇的说理观点为恪守合同相对性原则，即实际施工人并非仲裁协议签订主体，仲裁条款对其没有约束力。例如，中国石油管道局工程有限公司第四分公司、高某等建设工程合同纠纷案[②]中，法院认为虽然承包人与分包人之间《建设工程分包合同》约定了仲裁条款，但本案实际施工人并非合同相对方，不受该条款约束。

---

① 冯小光：《回顾与展望——写在〈最高人民法院关于审理建设工程施工合同纠纷案件适用法律问题的解释〉颁布实施三周年之际》，载最高人民法院民事审判第一庭编：《民事审判指导与参考》（2008年第1辑），人民法院出版社2008年版，第72—94页。

② （2023）陕08民辖终110号。

其他2篇案例从法律关系不同的角度并结合合同相对性原则来阐述法院具有主管权,即承分包人之间是其自愿达成的施工合同法律关系,而实际施工人起诉的请求权基础系基于法律的直接规定,两者并非同一法律关系,故法院具有主管权。例如,在中电建建筑集团有限公司等与张某敏建设工程施工合同纠纷案[①]中,法院的观点为实际施工人和承包人、分包人之间的法律关系与承包人和分包人之间的法律关系并非系同一法律关系,承分包人之间约定的仲裁条款,并不对合同之外的利害关系人具有约束力。

法院认为无主管权的12篇案例中,法院从如下三个角度展开说理并陈述观点:

其一,权利承继角度。权利承继的观点在实践中被广泛采纳,认为实际施工人投入的资金、人员、机械等,在事实上具有履行承包人施工合同义务的性质,因而其向发包人主张权利,根本上是由承包人权利转化、承继而来。[②][③]以卜恒顺、中国十七冶集团有限公司等建设工程分包合同纠纷案[④]为例,法院认为,本案实为实际施工人突破合同相对性向承包人主张权利,该权利虽基于法律规定,但并非独立存在,本质上是作为分包人权利的延伸,根据《施工合同解释》第44条规定,该主张权源于实际施工人与分包人之间法律关系的承继性,仲裁条款也应体现在这种承继关系中,故本案实际施工人应受案涉合同仲裁条款的约束。

其二,基础法律关系角度。例如,在张某、中国建筑第五工程局有限公司建设工程施工合同纠纷案[⑤]中,法院认为,实际施工人主张案涉工程价款的基础法律关系仍是承包人与分包人签订的《专业分包合同》,原告作为实际施工人,突破合同相对性向案涉项目承包人主张权利,应当受《专业分包合同》约定的管辖约束。

---

① (2022)京01民辖终151号。
② 孙辉:《论建设工程价款优先受偿权的行使》,华东政法大学2019年硕士学位论文。
③ 曾祥龙:《实际施工人直接主张权利应受发包合同仲裁条款约束》,载《人民法院报》2019年10月17日,第7版。
④ (2022)湘0726民初387号。
⑤ (2021)湘0112民初9053号。

其三，案例中并未对原因进行阐述，仅认为实际施工人向无合同关系的前手单位主张，应遵守其仲裁条款。例如，在王某平、林某华等建设工程施工合同纠纷案①中，法院认为，原告于起诉状中主张其为涉案工程的实际施工人，并据此向上层发包人、承包人主张支付工程款，则其应遵守以上发包人、承包人及违法分包人、转包人之间对于管辖的约定。

3. 转包/违法分包法律关系

转包/违法分包法律关系与前述多重转包/违法分包结构类似，裁判理由和结果也有极大的相似性，以下内容仅针对前文未提及的观点展开。

法院认为无主管权案例中，除前文述及观点外，还包括事实上权利义务关系、尊重发包人程序选择权利的观点，在杨某武、荆州市鸿远建设工程有限公司等建设工程施工合同纠纷案②中说理为例：首先，实际施工人事实上已经取代前手承包人与发包人形成事实上的权利义务关系，因此应受发承包人仲裁条款约束；其次，发承包人约定仲裁条款是其意思自治的体现，实际施工人应当尊重并遵守仲裁条款，否则侵害发包人的程序选择权利；最后，发承包人订有仲裁条款，法院在查明事实时会存在程序障碍，也可能发生诉讼与仲裁认定事实不一致的情形，导致存在处理结果上相矛盾的风险。

对于法院认为有管辖权的案例，合同相对性原则仍占绝对数量，其他观点为参考适用代位权制度和实际施工人权利的实质保护，以熊某、吐鲁番地区国有资产投资经营有限责任公司等建设工程施工合同纠纷案③中说理为例：首先，任何人不得为他人缔约，仲裁协议原则上不能对之外的第三方产生约束力，仲裁协议扩张实质上损害了实际施工人意思自治的权利；其次，参照代位权制度的相关规定及精神，债务人与相对人之间的仲裁协议不能约束债权人行使代位权；最后，如认定实际施工人受仲裁协议约束，将导致实际施工人既无法向发包人提起诉讼，亦因其不是仲裁协议缔约主体，而无法申请仲裁，从而导致其权利被实际阻断。

---

① （2021）粤0402民初20581号。

② （2022）鄂10民终136号。

③ （2022）新民再187号。

综上所述，在涉及转包/违法分包法律关系案例中，对于法院认为无管辖权的观点，虽从不同角度阐述，但其核心不外乎在发包人程序选择权利和实际施工人实体权利的对抗中优先保护前者，以此避免实际施工人依据司法解释对其诉权赋予的特殊保护，而架空发包人与承包人之间的仲裁条款。而对于法院认为有管辖权的观点，则更倾向于保护实际施工人实体权利。

（四）实际施工人订有仲裁条款时法院不具有主管权

1. 实际施工人订有仲裁条款，且发承包人之间有仲裁条款时的法院主管权

在样本案例中，符合该类型案例共计9篇，法院无一例外的均认为无主管权。该类案例中，各方均有将争议交付仲裁机构解决的合意，既是当事人对争议解决方式享有的程序性权利，也符合意思自治原则，因而排除了法院的主管。例如，在青岛向荣建筑劳务有限公司、青岛市市政建设发展有限公司等建设工程施工合同纠纷案[①]中，法院认为，发包人与承包人及承包人与实际施工人均约定有仲裁条款，基础法律关系为发承包人间的《建设工程施工合同》及实际施工人的《内部承包协议》，故实际施工人应当受到仲裁条款的约束；发包人欠付工程价款的事实认定业经仲裁条款排除人民法院管辖。

2. 实际施工人订有仲裁条款，发包人未订有仲裁条款时的法院主管权

在本文样本案例中，符合该类型案例共计36篇，其中28篇案例法院认为对案件没有主管权，8篇案例法院认为有主管权。

对于法院认为有主管权原因，皆为恪守合同相对性原则，即仲裁协议仅约束合同的相对双方当事人，发包人并非仲裁协议的当事人，故仲裁条款对发包人不具有法律约束力。

法院认为无主管权的8个案例中，法院从如下两个角度进行说理：其一，从基础法律关系角度进行阐述，即承包人依据与实际施工人的基础法律关系确定责任承担，而发包人则是在欠付承包人工程款范围内承担连带付款责任，而基础法律关系中，承包人与实际施工人的仲裁条款排除了法院的主管权。例如，在新泰市信德建筑工程有限公司、山东丰汇新能源有限公司等建设工程合同纠

---

① （2021）最高法民申1073号。

纷案①中，法院认为，实际施工人主张工程价款的基础法律关系是其与承包人的《施工协议书》，而双方在合同中约定了仲裁条款，排除了法院管辖权。

其二，依据诚实信用原则与禁止反言原则，实际施工人既然在协议中约定了仲裁条款，该条款便对其具有法律约束力，不得违背其自行选择通过仲裁处理双方争议的约定，因而法院无主管权。当然，该观点通常与前述基础法律关系同时体现，共同形成对实际施工人的约束力。

三、仲裁协议效力扩张的证成

在传统的仲裁理论视角下，实际施工人若非仲裁协议当事人，且在发承包双方订有仲裁协议的情况下，并不能够通过仲裁的方式向发包人主张权利，而通过诉讼方式也有极大概率被驳回起诉。囿于仲裁协议效力的传统理论已无法适应商业模式日新月异的变化，这无疑束缚了仲裁制度本身的广泛应用。仲裁协议效力扩张理论，本质上就是为了解决具有实体法权益牵连关系的多方主体能否通过仲裁一次性解决纠纷的问题，在提高仲裁效率、避免裁决间冲突等方面具有突出的优势。②

（一）挂靠法律关系中仲裁协议效力扩张证成

1. 发包人知悉挂靠关系情形

（1）当事人意思自治

仲裁是基于当事人自愿选择、充分尊重当事人意思自治的纠纷解决程序，当事人意思自治是仲裁的基石，是仲裁中最基本也是最重要的原则。③仲裁协议本质上也是"合意"的体现，仲裁条款依意思自治原则而向表意者生效，这是对仲裁条款所含当事人仲裁意思表示的尊重。④

---

① （2022）鲁0982民初9034号。

② 南迪：《论〈民法典〉背景下真正利益第三人在仲裁中的法律地位》，载《南大法学》2023年第4期（总第20期）。

③ 冯子涵：《文化差异视角下中国商事仲裁的本土化与国际化研究——以〈仲裁法〉为例》，载《社会科学动态》2020年第9期。

④ 孙嘉琪：《仲裁协议在第三人利益合同中的效力扩张——从〈民法典〉第522条切入》，载《北京仲裁》2020年第4辑。

在发包人知悉挂靠的情形下，发包人和挂靠人是仲裁条款真正的表意人，而仲裁协议的实质是挂靠人与发包人达成的程序法契约，其主体资格不应因实际签字人而被否定。此外，挂靠人与发包人的合同履行行为也都构成以默示认可的方式达成仲裁合意，应当赋予其表示效果，承认仲裁条款对双方的约束力。[1]

（2）诚实信用原则与禁止反言原则

诚实信用原则是商事主体从事民商事活动所必须遵守的原则，甚至被奉为民法的"帝王条款"，可见其在民法体系中的核心地位。仲裁协议本身具有契约性质，也理应适用该项基本原则解释其适用的效力范围。

在发包人知悉挂靠的情形下，挂靠人虽作为非签字方，但有充分证据证明其介入合同履约和管理过程的事实等，可推断出挂靠人有仲裁之意图。

禁止反言原则是诚实信用原则下的典型范例，意为阻止一方当事人用相互矛盾的语言和行为来主张自己对他人的权利。[2] 在英美法等判例国家，该原则在认定仲裁协议的效力上成为重要的判断标准，主要表现为仲裁条款的签字方利用合同实体条款向非签字方主张权利时，其主张事实确认了双方间合同的存在，因而签字方不能否认非签字方依据合同仲裁的权利。[3] 此外，未签字的第三方也会因为使用了含有仲裁条款的协议而被赋予仲裁义务。[4] 因而，挂靠人依施工合同向发包人主张实体权利的同时，自应受仲裁条款的约束。

（3）公平合理期待

"公平合理的期待"是对合同进行解释时适用的原则，要求以合同当事人的合理的利益来推断其意图，而不应拘于文字的字面意思，否则会形成合同法上的"合理期待"落空。[5]

发包人和挂靠人在签订仲裁条款时的信任，是基于对以仲裁方式解决双

---

[1] 邢文正：《隐名代理中仲裁条款的效力研究》，载《北京仲裁》2020年第1辑。
[2] 刘晓红：《论仲裁协议效力扩张的法理基础》，载《北京仲裁》2004年第1辑。
[3] 刘晓红：《论仲裁协议效力扩张的法理基础》，载《北京仲裁》2004年第1辑。
[4] 陈忠谦：《合同相对性突破与仲裁协议效力扩张的辩证关系研究——兼谈其在建设工程施工合同中的适用》，载《仲裁研究》2019年第1辑。
[5] 刘晓红：《国际商事仲裁协议的法理与实证研究》，华东政法学院2004年博士学位论文。

方间纠纷的合理信赖。这也要求合同实质主体需要进入并实际参与到仲裁程序中，作为施工合同法律关系的实质利害关系人享有权利并履行义务。将发包人或挂靠人任一方排斥在仲裁程序之外，显然有违当事人对程序公正的合理期待。

2. 发包人不知挂靠关系情形

前文述及，发包人对挂靠关系不知情的情形下，在外观上与《民法典》第926条的间接代理并无差别，因而可借鉴相关理论对仲裁协议效力扩张进行分析。从代理的视角研究此问题，首先需要讨论合同权利义务的转移与仲裁条款效力扩张的关系。

仲裁作为一种制度安排，受到当事人意思自治原则的支配，国内学界普遍认同仲裁协议具有程序法契约的性质，虽然仲裁协议具有独立性，但其仍作为合同的组成部分。因此，有学者认为仲裁协议等程序法契约在仲裁法等中未作规定的内容，可以类推适用民法规定。[①]在《最高人民法院关于适用〈中华人民共和国仲裁法〉若干问题的解释》第9条[②]规定了仲裁协议的涉他效力，其中采用了"原则上扩张，例外情况下不扩张"的规范思路，即在权利义务转让中仲裁协议效力扩张取决于当事人尤其是受让人的意愿。

究其本质，仲裁协议效力扩张仍然是以当事人的合意为基础，只是不再拘泥于书面形式的要求，而将考察当事人是否有仲裁合意作为着眼点。[③]

回到本文讨论的问题，实际施工人通过仲裁方式向发包人主张债权，类似代理中委托人在行使介入权，此时系明确知晓施工合同中的仲裁条款，但仍然介入，是明确的加入仲裁的意思表示，虽然其并非仲裁协议签署一方，但根据禁反言和诚实信用原则，应当受其行为拘束并接受仲裁机构的主管。例

[①] 姚宇：《对仲裁协议独立性的反思——以司法支持仲裁为视角》，载《河北法学》2024年第42卷第4期。

[②] 《最高人民法院关于适用〈中华人民共和国仲裁法〉若干问题的解释》第9条："债权债务全部或者部分转让的，仲裁协议对受让人有效，但当事人另有约定、在受让债权债务时受让人明确反对或者不知有单独仲裁协议的除外。"

[③] 刘东：《〈合同法〉第402条、第403条对仲裁协议效力问题的适用》，载《北京仲裁》2019年第1辑。

如，在杨某方、洛川县晓霞鸿盛建筑工程中心等建设工程分包合同纠纷案[①]中，实际施工人（原告）称委托李某签订施工合同承包涉案工程，法院认为若原告系委托李某签订涉案合同，则合同包括合同中仲裁条款直接约束委托人即原告，其当然不能排除上述仲裁条款。

当然，也可以通过推定或拟制，或者按照前述公平合理期待等解释论方法，对当事人的意思表示进行解释，可得出仲裁协议效力扩张的结论，如发包人在合同订立时，其意愿是希望通过仲裁来解决将来潜在的争议，这种期待不应使其落空。在实务中，推定或拟制的观点也在多个案例中体现，最高人民法院和湖北省高级人民法院的判例中，尽管债权和股权的受让人没有直接签署书面仲裁协议，但是由于权利转让产生相应的法律后果，使得受让人必须承受原合同中仲裁条款的约束。[②]

（二）转包/违法分包法律关系中仲裁协议效力扩张的证成

1. 仲裁协议效力扩张与意思自治原则的权衡

本处所讨论的实际施工人主动提起仲裁之情形，之所以不认可发承包双方间仲裁协议效力扩张，根本原因在于对私主体意思自治失去保障的担忧。但首先，实际施工人行使权利，发包人仅在欠付承包人价款范围内承担责任，实质上对其无论是程序权利抑或实体权益并未减损，也未影响对于合同的期待利益；其次，当事人选择仲裁作为争议解决方式，是基于对合同履行过程中所生争议以仲裁方式解决双方间纠纷的合理信赖，基于的是对于仲裁作为中立裁判者的信赖，并非基于与对方当事人的人身信赖关系，因而仲裁协议效力扩张也未冲击意思自治与契约自由；最后，从仲裁程序的价值取向上来分析，应为效益和公平，而非意思自治，即当事人选择仲裁方式作为纠纷解决机制的目的在于高效且公平地解决商业纠纷，而意思自治仅是实现仲裁价值的辅助手段，当两者产生冲突的时候，恪守意思自治反倒会阻碍仲裁价值的实现。

---

① （2022）陕0103民初1617号。
② 王生长：《仲裁协议及其效力确定》，载《中国对外贸易》2002年第2期。

2. 合同相对性原则的例外

前文述及仲裁协议的程序法契约性质，依照传统的合同相对性理论，仲裁协议的效力只能及于签字当事人。可以认为，合同相对性理论是仲裁协议对未签字当事人不具有拘束力的最原始、最根本理论依据。[①] 也正因为如此，合同相对性原则的突破在诸多场合成为仲裁协议效力扩张正当性的基础。而所谓合同相对性原则的例外，则是指合同当事人之外的第三人，基于法律规定或合同约定得以向合同当事人主张基于合同产生的请求权。

合同相对性原则是合同制度赖以建立的基石。合同相对性原则的突破，首先表现为第三人利益合同，基于契约自由原则，各国立法逐渐承认合同当事人可以约定债务人向第三人直接给付，并赋予第三人享有直接请求给付的权利，[②] 如《德国民法典》第 328 条、《法国民法典》第 1121 条；我国《民法典》第 522 条第 2 款同样也规定："法律规定或者当事人约定第三人可以直接请求债务人向其履行债务，第三人未在合理期限内明确拒绝，债务人未向第三人履行债务或者履行债务不符合约定的，第三人可以请求债务人承担违约责任；债务人对债权人的抗辩，可以向第三人主张。"

在建设工程领域，《施工合同解释》第 43 条同样是基于对农民工等弱势群体的权益保护，突破了合同相对性原则，赋予实际施工人直接向发包人主张工程款债权的权利。当发承包人之间约定有仲裁条款的时候，对于两种制度背后所保护的法益便产生了冲突，此时优先保护合同当事人程序抗辩权利还是第三人实体权利实现产生了矛盾。但该两者并非不可调和的。

实际施工人跨越合同关系起诉制度是司法解释通过特殊规定的方式，对合同相对性原则形成的有限突破，是基于现实弱势群体权益保护的客观需要而作出的例外规定；并且该规定并没有完全突破债的相对性，而只是在债的当事人和法律所规定的特定第三人之间发生效力，这种相对有限的突破仍然维系在物债两分的范畴内。合同相对性原则背后所体现的是意思自治理念和自由平等之法律价值，但随着传统民法权利本位向社会本位的转变，恪守传统

---

① 刘晓红：《论仲裁协议效力扩张的法理基础》，载《北京仲裁》2004 年第 1 辑。
② 王利明：《仲裁协议效力的若干问题》，载《法律适用》2023 年第 11 期。

价值反倒造成了实质的不平等，突破合同相对性原则虽造成个人自由的减损，却成为平衡对社会弱势群体权益保护的必由之路。[①]

3. 公平、效益价值的要求

承认仲裁协议效力扩张至实际施工人是公平价值的体现。"公平合理的期待"原则要求根据当事人合理的利益来推定当事人的意图，而不是拘泥于文字的字面意思，否则会形成"合理期待"的落空。[②]国外仲裁庭或法院常以此为依据确定仲裁协议效力范围。[③]在仲裁中运用该原则最重要的是对各方的合理利益进行分析。

当涉及实际施工人时，其对于发承包双方之间合同的约定通常是知情的，而在多数情况下，发包人在施工过程中也会发现实际施工人的存在，在此情况下各方默认继续施工，从默示认可的角度，各方知悉并认可合同的实际履行主体。当实际施工人提起仲裁时，各方合理利益表现为：对实际施工人而言，要求进入仲裁主体范围；对发包人而言，通过约定的仲裁方式解决实体权利义务争议；对承包人而言，要求仲裁协议效力扩张至实际施工人。

推定仲裁协议效力扩张至实际施工人，最能保证各方当事人的合理利益，又不会不当扩大任一方的不合理利益，是公平价值的体现。

承认仲裁协议效力扩张至实际施工人是效益价值的体现。当事人订立合同时期待以高效的仲裁方式解决纠纷，在合同履行中实际施工人的加入也并未对仲裁方式有过变更，若不将仲裁协议效力扩张至依此协议请求救济的实际施工人，限制其救济的路径，有违当事人之高效解决争议的本意。

并且，仲裁程序的效益价值是其区别于诉讼的立身之本，单凭客观合意来认定各参与主体是否达成仲裁协议，无疑会导致案件争议无法彻底解决，尤其对于工程案件所涉主体众多且牵连紧密，多次仲裁与诉讼的交叉，必然造成成本、时间的大量浪费，并且可能出现相互矛盾的裁判结果。因而，将仲

[①] 南迪：《论〈民法典〉背景下真正利益第三人在仲裁中的法律地位》，载《南大法学》2023年第4期（总第20期）。

[②] 刘晓红：《国际商事仲裁协议的法理与实证研究》，华东政法学院2004年博士学位论文。

[③] 韩健：《派生仲裁请求权和代位仲裁请求权之刍议》，载《仲裁与法律》2001年第2期。

裁协议效力扩张至实际施工人更能顺应效益的价值取向。

（三）《合同编通则解释》第36条①的启示

债权人的代位权规定在《民法典》第535条，是指因债务人怠于履行到期债权以及该债权相关的从权利，对债权人到期债权造成损害的，债权人得以向法院请求以自己名义代位行使债务人的债权及其从权利。

虽然有观点认为实际施工人诉权的权利基础系代位权制度在建设工程领域的具体化，②但笔者对此并不认可，《施工合同解释》第44条规定了实际施工人代位权，两者并不重合。其实并无必要将《施工合同解释》第43条第2款归入现行法律框架中突破合同相对性的规则，其本身便是创设了现行法律规定之外的权利。

法律在承认了债权人享有代位权的同时，原则上也应该赋予其通过仲裁的方式维护其权利的救济途径，但司法解释在保护债务人的相对人程序抗辩权利和保护债权人实体权利实现两者权衡中，选择了更为折中的方式，兼顾了两者权益的保护，但也没有从根本上终局地解决该问题，此为遗憾。③笔者理解，代位权虽然突破了合同相对性，但其从本质而言，仍然摆脱不了是一种为保护债权人而设计的保全措施，债权人实体权利在与仲裁协议的私主体意思自治的法益权衡中，并不具备必要性。但实际施工人的实体权益保护则与此不同，涉及救济社会弱者的社会属性，如前文所述，在权利本位向社会本位转变的过程中，为满足社会公平正义之需要，赋予实际施工人仲裁的程序救济途径更为必要。

当然，若实际施工人通过诉讼方式主张权利，而非主动加入仲裁协议，《合同编通则解释》第36条所提供的处理思路值得借鉴，其更好地兼顾了两种权益的保护，不仅未从实质层面妨害到实际施工人之法益，亦能做到尊重发承

---

① 《合同编通则解释》第36条："债权人提起代位权诉讼后，债务人或者相对人以双方之间的债权债务关系订有仲裁协议为由对法院主管提出异议的，人民法院不予支持。但是，债务人或者相对人在首次开庭前就债务人与相对人之间的债权债务关系申请仲裁的，人民法院可以依法中止代位权诉讼。"

② 郤砚：《实际施工人向发包人追索工程款的权利解析》，载《人民司法》2013年第9期。

③ 王利明：《论仲裁协议对代位权行使的影响——兼评〈合同编通则解释〉第36条》，载《广东社会科学》2024年第1期。

包人之间有效仲裁协议的效力，不失为两全之策。

四、结论

仲裁协议效力扩张是商业模式日益复杂化及审判实践的客观需要，在《仲裁法（征求意见稿）》中即可看到端倪，如第21条、第24条和第25条等，仲裁协议效力不再仅约束签署方，而是通过不同表现形式扩展到非签署方。

而仲裁协议的涉他效力，特别地表现在对法院诉权的排斥，《施工合同解释》为实际施工人起诉发包人创设了特殊救济路径，而仲裁和诉讼两种救济路径的不同之处应仅在于当事人对于程序的选择，而不应导致当事人实体权利的变化。

对于发包人知悉挂靠法律关系情形，仲裁协议效力自应扩张至实际施工人，实际施工人订有仲裁条款时同样也应受其约束，法院对前述情形均无主管权。发包人不知悉挂靠法律关系与转包/违法分包法律关系中，面对前手之间仲裁协议的桎梏，当作为非仲裁协议签署方的实际施工人提起仲裁时即表明其选择加入仲裁协议，此时应当赋予其与诉讼程序中对等的法律地位，这不仅是尊重商事主体对争议解决方式的自主选择，而且能促进仲裁法律体系更加完善；而对于没有加入仲裁意思表示的实际施工人，当其选择向法院提起诉讼时，参考《合同编通则解释》第36条所带来的启示，应当兼顾发包人的程序抗辩权利和实际施工人实体权利保护，发承包人在合理时间内申请仲裁的，尊重其仲裁协议效力，法院应中止审理等待仲裁结果，而未在规定时间内申请仲裁自可推定其放弃程序上的抗辩。

包括实际施工人特殊救济路径在内的新制度出现都会与原有制度体系产生冲突，为化解实务中实际施工人权利无法得到救济的情形，如本文案例中法院认为无主管权且仲裁机构又不予受理的情形，还需立法对基于实际施工人引发的仲裁协议效力扩张争论作出有指导意义的规定。

仲裁秘书之于仲裁调解的能动作用

严晓敏[*]

仲裁调解在商事仲裁纠纷解决中充当着重要的角色。2021年至2023年，北京仲裁委员会/北京国际仲裁中心（以下简称本会）以仲裁调解方式结案的案件比例，分别为总结案量的16.09%、15.27%和15.64%，该数据尚不包含本会调解中心独立调解、仲裁前和解及仲裁中调解当事人和解撤案化解纠纷量。

商事主体的理性思维决定其倾向于快速、灵活、成本低、承认执行力强的纠纷解决方案。一方面，商事仲裁的优势之一，就在于调裁结合、仲裁员专家办案，当事人基于对仲裁员专业性的信赖，亦往往倾向于信任并接受仲裁庭居中提出的调解方案。仲裁秘书负责案件程序管理工作，当事人基于与仲裁秘书的前期沟通，对仲裁秘书存有信任基础。另一方面，仲裁秘书承办案件量大，仲裁调解经验亦迅速累积。综上，仲裁秘书有优势、有能力根据案件及仲裁庭需要，在案件不同阶段发挥能动作用，与仲裁员调解形成强大合力。

基于承办案件中200余件案件调解结案（调解率超过23%、调撤率超过47%）的实践经验，笔者尝试对仲裁秘书之于仲裁调解的能动作用作出梳理总结，以期协助推动当事人合理诉求最低成本地实现。

---

[*] 严晓敏，北京仲裁委员会/北京国际仲裁中心办案秘书、核稿秘书。

一、不同案件阶段仲裁秘书之于仲裁调解的角色及作用

2023年，本会受案数量为12222件，同比增长45.14%。在案件数量激增的背景下，仲裁秘书如何疏通案件出口、以最低时间成本推动部分案件调解结案？对此，以下几个方面值得关注。

1. 组庭前主动调解

组庭前，仲裁秘书可根据接收到的初步和解意向，参考申请人的仲裁请求、被申请人关于初步和解的意向反馈及是否有履行计划，思考各方争议缘由，判断是否属于可能和解的案件及和解可能性的大小。

（1）对于和解可能性较大的案件，仲裁秘书可进一步做好各方调解工作。其中，对于案件争议金额较小、当事人非常关注仲裁费承担的案件，可提示当事人：组庭前和解撤案纠纷解决成本更低（本会退费标准：组庭前撤案，仲裁员报酬全部退回，机构费用退回50%），周期更短。如案件争议金额较大、被申请人履行周期较长或当事人有强制执行效力的调解书/和解裁决需求等情形，则可引导进入组庭出调解书程序。

（2）对于和解可能性较小的案件，仲裁秘书可辅助各方交换联系方式，建议各方自行沟通协商和解方案。对于此种情形，仲裁秘书在组庭前阶段可不再进一步做调解工作。

（3）对于案情复杂、争议金额较大或仲裁请求不存在中间选项等较为敏感的案件，仲裁秘书在组庭前阶段可不必主动展开调解工作，避免各方产生仲裁秘书先入为主、有倾向性或组庭后仲裁秘书可能影响仲裁庭实体判断等担心。

2. 组庭后仲裁秘书协助调解

组庭后，在仲裁庭同意且各方当事人不反对的情况下，仲裁秘书也可以协助仲裁庭为促成各方和解做必要的沟通工作。仲裁秘书庭审中紧跟仲裁庭审理思路，可根据案件及仲裁庭的需要，与仲裁庭通力配合；时刻关注调解动态，在最终调解方案达成后的最短时间内，完成调解书初稿的起草工作，以便各方当事人确认和仲裁庭把关定稿。

3. 开庭后仲裁秘书跟进调解

（1）对于庭审中各方已经初步达成调解方案，但当事人需要庭后请示、

走审批流程等案件，仲裁秘书可先行为各方出具调解书初稿，以便当事人庭后确认后达成调解。

（2）对于各方当事人有和解基础却无实质和解进展，或可能存在裁决效果不好、仲裁庭初步合议意见不一致等案件，仲裁秘书在沟通请示后，可根据需要，适当做各方当事人的庭后和解工作。

（3）对于各方当事人需要较长时间进行沟通、谈判的案件，仲裁秘书可适时引导各方共同提出中止仲裁程序的申请，给予各方充足时间，避免案件审限与当事人调解期限的矛盾。

二、当事人选择调解的动力

分析当事人选择调解的动力，有助于更主动地把握调解规律和更科学地推进调解。具体而言，当事人提交了大量证据、据理力争，为何最终选择调解而不是裁决结案？

1. 符合预期和真意，调解有助于降低裁决的不确定性风险。

仲裁调解的目标，是使当事人在平等协商的基础上达成各方均可接受的、合理的调解方案。仲裁庭依据各方签署确认的和解/调解协议出具调解书，无论各方是否存在字面意义上的权利让渡，调解方案已是各方当事人均可接受的结果，调解结案后，当事人无须承担可能的裁决失败风险。尤其是对于存在争议的问题，类似案情司法实践中可能同时存在支持和驳回的判例，在这种情况下，当事人无法确信自己的主张一定能够得到仲裁庭的支持，故基于公平合理的大原则调解结案可减少裁决的不确定性风险。

2. 调解结案更为高效，有助于节省纠纷解决成本。

本会仲裁规则为当事人最大程度地节省纠纷解决的时间及金钱成本提供了制度保障。在时间成本方面，当事人可根据案件需要申请提前组庭、提前开庭、书面审理等，以节省立案到调解结案的时间。在金钱成本方面，本会自 2019 年起施行的收费标准正式将仲裁费用明确为仲裁员报酬和机构费用，允许当事人就仲裁员报酬约定适用小时费率计算。2023 年本会适用小时费率的案件中，争议金额 1 亿元（指人民币，下同）以上的案件，平均每案为当事人节省仲裁费 108.8 万元，如案件以调解方式结案，则个案的立案至结案的时间将更短，相应地，当事人纠纷解决的金钱成本可被进一步压缩。

3. 调解方案更全面，有助于实现争议的一揽子解决。

笔者于 2020 年至 2022 年期间承办了系列建设工程案件，案涉建设工程项目为涉公益的大型政府项目，申请人作为分包单位承担道路施工、树木种植和养护等工作。申请人前期垫付了大量资金，债务压力影响了企业的生存和发展；被申请人也因账户被依法申请仲裁保全而面临资金流转困难。在审理过程中，被申请人认可应向申请人支付部分款项，但案涉项目尚未完成合同约定的结算和审计程序、工程价款尚未最终确定；另外，由于客观原因导致其他相关争议尚无法一并处理。在这种情况下，各方在仲裁调解程序中重新签订了本会仲裁解决条款并相应申请追加仲裁依据，最终实现案涉项目所有争议的一揽子调解解决。

4. 调解结案有利于维护各方关系，实现情感/合作基础的修复。

笔者曾承办一起前情侣间合作购房纠纷案件，申请人及被申请人在感情基础良好时合力购买了案涉房屋，购房首付款由申请人支出、房屋由申请人方装修、房屋贷款由被申请人清偿，房屋登记在被申请人名下。感情破裂后，申请人请求对案涉房屋进行分割，由被申请人向其支付装修费等。另外，由于前期装修凭证的缺失，申请人还申请了房屋装修工程造价鉴定。被申请人指责申请人存在感情不忠行为，拒绝出庭、拒绝和谈。

仲裁庭实体审理后，认为基于当事人此前的情感基础，本案调解解决效果更好，故在仲裁开庭调解环节着重对此进行提示，并委派仲裁秘书庭后跟进调解，最终各方达成了调解协议。尽管或许当事人之间的感情不能因为案件调解成功而和好如初，但纠纷的解决，仍有助于解开当事人之间的心结。

5. 调解书/和解裁决常可自愿履行，有助于降低执行风险，保障当事人核心利益的实现。

在我国，仲裁调解书具有执行力。在《新加坡调解公约》生效后，一些符合公约要求的涉外调解书也可以在其他国家/法域的法院得到承认和执行。实践中，若案件申请人关注到被申请人履行能力存在风险，经沟通、提示，申请人可能会选择让渡部分次要利益，以获得被申请人调解过程中给予其新的承诺，从而保证主要利益的实现；或者通过调解协商，在条件具备时共同申请追加新的义务履行主体，从而使调解书较之裁决书更大概率地得到履行。

三、仲裁秘书与当事人沟通调解的技巧

1. 把握沟通机会，尽量获取有效信息

在过滤当事人可能的情绪性表达的同时，引导当事人理性思考和判断。深入了解纠纷产生的背景，通过预测相对方对该方初步和解方案可能作出的反馈，进一步挖掘该方可接受调解方案的浮动区间，有助于更高效地促成调解。

2. 适当给予当事人帮助，获得充分依赖

对当事人的疑惑和难题作出周到、耐心的解答，对于当事人的情绪和困境予以适当、共情地疏导，有助于使具备调解基础的案件当事人更愿意配合仲裁秘书工作，积极主动做好己方工作，从而高效促成调解。为消除当事人的顾虑，可适时释明调解不成的后果（本会2022版仲裁规则第43条第5项），引导当事人畅所欲言。

3. 看破不说破，做不完全的信息交换

对于调解过程中获取的信息，如非必需，可在信息交换过程中过滤掉不利于案件调解的信息。如一方当事人未完全掌握某法律规范导致的信息差或可能对相对方产生情感伤害的信息，可不明示相对方，做不完全的信息交换。

4. 提示情感/合作基础，平和解决纠纷

如前所述，部分案件当事人在纠纷发生前曾经有过非常良好的情感/合作基础，可适当地对当事人作出相应提示，当事人或可积极主动参与调解。平和的纠纷解决方式更有利于情感/合作关系的修复。

5. 善用技术工具，高效商定方案

对于调解方案复杂和或当事人急迫调解结案的案件，可发挥线上调解的快速高效优势，实现仲裁庭、各方当事人及仲裁秘书线上参与调解，并共同商定调解方案。

四、调解内容的确认

最高人民法院2021年发布的《全国法院涉外商事海事审判工作座谈会会议纪要》第99条，将仲裁调解书正式纳入仲裁司法审查范围，对仲裁调解提

出了更高的要求。

以下对实践中较为复杂、容易出现不具备明确、具体、可执行性问题的调解方案作出示例，供参考适用。

1. 重新签订仲裁条款、增加仲裁依据

示例：申请人及被申请人向仲裁庭提交申请书，各方一致申请将×合同项下争议解决条款变更为：因本合同引起的或与本合同有关的任何争议，均提请本会按照仲裁规则进行仲裁。申请人及被申请人同时申请追加×合同为本案合同，由本案仲裁庭一并审理所涉纠纷。鉴于以上情况，仲裁庭决定追加×合同为本案合同。申请人及被申请人确认对本案已经进行的程序没有异议。

2. 工程款金额未确定时的"多退少补"

示例：前述系列建设工程案例，因案涉工程项目未完成结算、审计，当事人初始和解方案措辞为多退少补，不具备可执行性。调解方案最终商定为：被申请人先支付第一笔款项，再结合未来确定的时间点结算及审计完成情况，确定是否补充支付或退回部分差额工程款。

3. 款项接受方的开具发票义务

示例：申请人应于××××年××月××日前向被申请人开具并交付×项目金额为×元的增值税专用发票，如申请人逾期提供本调解书第×款约定的符合国家规定的发票（×元），则被申请人有权延迟相应期间支付本项下的货款×元。

4. 办理权属登记、腾退房屋义务

示例：申请人与被申请人同意于××××年××月××日前共同到×不动产登记事务中心办理×房屋（不动产权证号）过户手续，将该房屋登记至×名下（如存在交还钥匙、结清费用等可一并作出约定）。

5. 款项接受方的解除保全义务

示例：申请人于本调解书生效后×日内向本会提交解除财产保全申请书（通常因保全法院解除保全措施的时间点无法确定，不对解除保全期限作出约定，如当事人坚持可具体处理）。

6. 约定支付方式为商业承兑汇票（其他金融产品支付可参照适用）

示例：被申请人于××××年××月××日前，向申请人以商业承兑汇票

方式支付费用 × 元，汇票到期日应为 ×××× 年 ×× 月 ×× 日前。因采取此种支付方式如产生其他费用，全部由 × 承担。如前述票据无法提现、兑付的，被申请人应当于票据不能提现、兑付之日起 × 日内以现金方式支付本项的尚欠款。

五、结语

仲裁秘书是仲裁案件程序的主要管理者。在我国现行法律框架下，仲裁员不能与当事人就案件问题进行单方交流，仲裁秘书便成为了与当事人及仲裁庭之间的沟通桥梁。由于仲裁秘书的居中地位，当事人对仲裁秘书有较高的信任度，如果仲裁秘书能够充分利用自身优势，协助做好调解工作，将既有利于增进当事人对仲裁机构的认可度，又能够真正为当事人解决争议，虽未形成一纸裁决，但化争议于无形，或许恰是争议解决的最高境界。

征稿启事

《北京仲裁》由北京仲裁委员会/北京国际仲裁中心主办，主要刊登中外仲裁、调解、工程评审等与多元化纠纷解决机制相关的民商事理论性、实践性的论文或者介绍性文章以及符合前述范围的翻译文章。本出版物每年出版四辑，下设"主题研讨""专论""仲裁讲坛""比较研究""ADR专栏""案例评析""办案札记"等栏目。

编辑部热诚欢迎广大读者投稿，投稿前请仔细阅读以下注意事项：

1. 来稿应符合本出版物网站（www.bjac.org.cn/magazine/）的投稿要求及注释体例，并按要求写明作者信息、中英文题目、内容摘要、关键词等信息。

2. 来稿应严格遵守学术规范，如出现抄袭、剽窃等侵犯知识产权的情况，由作者自负责任。

3. 为扩大本出版物及作者信息交流渠道，本出版物已经委托博看网数字发行，并已被CNKI中国期刊全文数据库收录。凡向本出版物投稿的稿件，即视作作者同意独家授权出版其作品，包括但不限于纸质图书出版权、电子版信息网络传播权、无线增值业务权等权利，授予本出版物授予合作单位再使用、授予相关数据库收录之权利，作者前述相关的著作权使用费将由编辑部在稿酬内一次性给付。若作者不同意前述授权的，请在来稿时书面声明，以便做适当处理；作者未书面声明的，视为同意编辑部的前述安排。

4. 投稿方式：请采用电子版形式，发送至电子邮箱bjzhongcai@bjac.org.cn。如在两个月内未发出用稿或备用通知，请作者自行处理。

5. 所有来稿一经采用，即奉稿酬（400元/千字，特约稿件500元/千字）。

《北京仲裁》编辑部

图书在版编目（CIP）数据

北京仲裁. 第128辑 / 北京仲裁委员会（北京国际仲裁中心）组编. -- 北京：中国法治出版社，2024.10.
ISBN 978-7-5216-4786-0

Ⅰ. D925.7-53

中国国家版本馆 CIP 数据核字第 2024ND1608 号

责任编辑：侯　鹏　　　　　　　　　　　　　封面设计：李　宁

北京仲裁（第 128 辑）
BEIJING ZHONGCAI（DI 128 JI）
组编 / 北京仲裁委员会（北京国际仲裁中心）
经销 / 新华书店
印刷 / 三河市国英印务有限公司
开本 / 787 毫米 ×960 毫米　16 开　　　　　印张 / 8　字数 / 122 千
版次 / 2024 年 10 月第 1 版　　　　　　　　2024 年 10 月第 1 次印刷

中国法治出版社出版
书号 ISBN 978-7-5216-4786-0　　　　　　　　定价：39.00 元

北京市西城区西便门西里甲 16 号西便门办公区
邮政编码：100053　　　　　　　　　　　　　传真：010-63141600
网址：http://www.zgfzs.com　　　　　　　　编辑部电话：010-63141826
市场营销部电话：010-63141612　　　　　　　印务部电话：010-63141606
（如有印装质量问题，请与本社印务部联系。）